大是文化

拒絕人反而為自己的印象加分

怎麼擺脫不合理的工作與難纏的人際關係？
開心的說「不」又不會得罪人的方法。

重複指名率達100%、
日本頂級處理客訴培訓講師
津田卓也——著　高佩琳——譯

なぜか印象がよくなるすごい断り方

CONTENTS

第2章

第3章 萬一，對方就是一直纏著你？ 121

第4章

猶豫不決時先讀讀這篇 173

推薦序一

學會拒絕，才能過上你渴望的人生

作家、臨床心理師／洪培芸

許多人終其一生都不懂得拒絕別人，活得受苦、受罪，又受累。你也是這樣活得滿心淒楚的人嗎？

除了工作時所接觸到的個案，我身邊也有很多這樣的人。鎮日忙盲茫，還吞了一堆苦水，他們都是不敢拒絕別人、內心溫柔的老好人。

這本不僅是教人回絕之書，也是一本教人看懂人際關係，以及自我成長之書。我很喜歡作者開宗明義就指出了方向，很多人誤以為不敢說不，是天生性格使然，事實上，不敢拒絕的人，只是不曉得具體做法罷了。

其中最基本的三個招式：「感謝↓拒絕↓感謝」，你務必要學起來，肯定受用一生。為什麼？因為這兩點：「沒有人不喜歡被感謝」，而且「你給人臺階下」。表達感謝不僅是提供了緩衝區，也代表了你的誠意及笑臉，而不是冷冰冰的直接回絕。同時，有了臺階下，日後好相見。

能夠婉拒的人，也是擁有真實自信的人。你可以透過自我覺察，並且反躬自問：如果你總是無法拒絕別人、答應別人的要求，無視於你的真實意願（也就是不願意），你的內心深處是不是有著極度缺乏自信、不喜歡自己、不能肯定自己，所以必須迎合、討好及滿足他人的部分。

本書作者比喻得很貼切，根本就是一針見血！「真正的人際關係始於拒絕他人之後。無法謝絕、任由對方擺布，這種關係算不上是人與人之間的往來，只能說是『人與奴隸』的關係。」人與奴隸，有沒有直指你心中不敢說出口的痛？不用妄自菲薄，也無須覺得自己沒用。所有能夠勇於拒絕的人，也都是從不敢說不、無法回絕開始的人。

如果只會說好，你永遠都在滿足別人的要求，順應他人的期待，壓根兒就不可能活出屬於自己的人生。為什麼？因為你根本沒時間。即使有，你的體力也已枯萎，只想早點洗洗睡。

這邊分享我的小做法，如果對方是你很想答應及幫忙的人，這時，要如何才能讓自己跨越拒絕的心魔？就是施以小惠。

雖然你拒絕了他，無法完成他的要求，導致這次合作不成。但是，你可以分享很棒的資訊，或者是幫忙介紹。不僅解決對方的燃眉之急，還讓他有一種賺到的感覺！對於一個表達感謝，還分享好康的人，對方肯定對你有好印象。

學會拒絕，才能過上你渴望的人生，並且過好這一生。

推薦序二

有設限的人際關係，反而讓你獲得更多

諮商心理師、暢銷作家／陳志恆

有一次，我在臺北車站與友人會面，一場飯局聊到忘我，差點忘了還有下一個行程；眼看著搭捷運前往有點趕，乾脆在車站外跳上一輛排班計程車。

司機先生問我去哪裡，我說明了目的地，他複述確認後，口氣有些不耐：「很近嘛！走路就會到了！」果然，不到五分鐘，抵達目的地，他邊找錢，嘴裡邊碎唸著：「這麼近還搭計程車幹嘛？」

我有些疑惑，有錢賺不好嗎？他接著抱怨：「我在車站排了快兩個小時，結果載你賺不到一百元！」他邊搖頭、邊嘆氣的離開了。

我明白了，這便是機會成本。他載到短程的客人，便失去了可能載到長途旅客的機會，當然也失去可能賺更多錢的機會。我想，如果他在當下能斷然拒絕提供我載客服務，也許結局會不同。

當然，他不能選擇拒載乘客，否則會被客訴。

人生不也如此嗎？當你答應了某事，你的時間與精力就得耗費在那裡，相對的，也就失去了你去做其他事情的機會。不同的是，你可以選擇；而你是否願意拒絕那些你其實沒有很喜歡做，也可能讓你失去更多的請求呢？

就我的觀察，一般人無法拒絕別人的請求，有兩個原因：第一，怕失去關係，第二，怕失去機會。

以前者而言，你可能會擔心，回絕了他人的請求，會讓他們傷心、難過、失望或生氣。你因為不想失去他們的肯定與認同，再怎麼不情願，也不爭氣的說「好」！

這表示你過度承擔了別人的情緒，你把別人的擔心、失落與生氣，全都攬到自己身上；然而，別人真的會因此對你產生負面的觀感嗎？

再來說後者，許多職場人士不敢斷然拒絕要求，是擔憂未來別人就不願意把工作機會託付給自己。

就拿我來說，當我剛開始擔任自由接案的講師時，我會努力把握每一場演講邀約；慢慢的，當邀約過多，導致我行程過滿時，我仍不好意思婉拒。我心裡冒出的聲音是：「如果推掉這次合作，會不會就沒有下一次？」這顯示出，我對自己不夠有信心，內在狀態匱乏無力。

不論你是想當萬人景仰的救世主，還是想突顯自己是個無所不能的超人，不懂拒絕，都將為你的人生帶來更多麻煩。

說不，其實就是為人際關係「設限」，也就是承認自己是有極限的，認清自己真正重視的是什麼，而懂得把自己與他人區分開來；不過度為他人承擔情緒責任，也不需要透過無所不能來證明自己。最終，就能過著自己想要的人生。

問題是，該怎麼拒絕，才能拒絕得漂亮，甚至迎來更多尊敬？這也是我時常苦思的問題，因為，我也不太懂得拒絕。

這本《拒絕人反而為自己的印象加分》來得真及時，裡頭提到了許多有效拒絕的妙招，包括，回絕的理由必須越具體越好、不解釋一堆理由、帶著感謝來表達拒絕、語氣及語調也得斟酌等。

就我觀察，不擅回絕的人最困難的，是在第一時間總是先說「好」，隨即後悔，但話已說出口，駟馬難追。所以，在面對他人請求的當下，如何避免自動化點頭，是關鍵要務。

要能做到「先等一等，再決定」，需要在日常生活中，不斷去釐清自己最重視的是什麼，也就是人生中的優先順序。越常思考這個議題的人，越有可能在那臨門一腳時，為自己踩下煞車，這在本書中第四章，有清楚的討論，也是全書最重要的部分。

願你在閱讀這本簡明易懂的好書後，也能為人際關係設限，這樣一來，你不僅失去有限，反而還會獲得更多！

前言
太強了！真是滿分拒絕話術呀！

「請問近藤先生在嗎？我是矢澤。」

當時正逢一九八〇年代，日本的年號既非令和也非平成，而是懷舊的昭和時代。在那個年代，不少偶像會拜託知名音樂家作曲，從而誕生了許多暢銷歌曲。

近藤真彥[1]就曾向自己的偶像，也是歌手的矢澤永吉[2]邀歌。而這通電話，便是矢澤永吉本人親自打來回絕的電話。

1 近藤真彥（一九六四年生），為日本傑尼斯事務所旗下藝人、日本一九八〇年代紅極一時的偶像。

2 矢澤永吉（一九四九年生），日本活躍至今的搖滾歌手、作曲家。

近藤真彥接起電話後，矢澤永吉如此回絕道：「近藤先生，我常常在電視上看到您，覺得您活躍的模樣非常傑出又帥氣，所以我也很希望為您製作最棒的歌曲。只不過，有一點很抱歉呀。我想同樣身為歌手的您一定明白，那種盡可能想由自己演唱最棒歌曲的心情。我相信這點就算是約翰・藍儂（John Lennon）也一樣吧？」

以上是出現在某個綜藝節目中的小故事。這種回絕方式，不論是在節目中，或者播出後，都深受來賓和網友大力讚揚：「太強了！簡直是滿分回絕話術呀！」

事實上，這則小故事當中，集結了本書介紹的好印象拒絕法的基礎。我們無法成為矢澤永吉，不過，卻能像前面的小故事一樣，學會即便拒絕他人，也能給出好印象的訣竅。

自序
明確表達辦不到的理由

首先，非常感謝拿起本書的你。

本書中所寫的方法，是為了讓從來不敢拒絕的人否絕他人後，還能給人留下好印象。

「婉拒他人也能給人好印象」，指的是「即便說不，對方依然還想『再度拜託、再次邀請』，被拒絕後反而對你有更好的印象」。或許有人不相信，不過，在前面的小故事中，雖然矢澤永吉回絕了近藤真彥的請求，但近藤真彥卻因此對他更加死忠。

不曉得大家身邊有沒有這樣的人？即便遭到對方打槍，你仍然想與他見面、再度請求？

雖然有點突然，但你覺得哪種人擅長處理客訴？是令人一見如故，擅長安撫顧客的人？是身段柔軟、彬彬有禮的人？還是能欣然接受顧客要求的人？

過去十五年來，我在日本全國各地舉辦了客訴應對講座，所指導的學員高達十萬人以上。另外，成為培訓講師之前，我也曾在 BOOK-OFF[3] 企業擔任關東地區的管理人，因而處理過各式各樣的客訴、教導門市工作人員應對客訴的技巧，也製作了處理客訴說明書。

這種種經驗累積下來，我可以十分肯定的告訴你：「客訴處理高手，都是懂得斷然否絕的人。」

以不破壞對方心情為前提

我每次在客訴講座時，都會告訴學員：「以不破壞對方的心情為前提，果斷說不吧！」換句話說，這十五年來，我一直在教導就算否絕別人，也能博得好印象的方法。

儘管各家企業都很努力去回應顧客的期望，但不可能完全滿足，畢竟事情還是有分「辦得到」與「辦不到」。

如果不明確表示辦不到，一味的討好對方、過度聽從要求，之後可能會更加麻煩。然而，如果你讓事情遊走在辦得到與辦不到之間，一旦事情不順利，對方可能會怒回：「不是說可以嗎？叫你們的主管出來！」

或許聽起來有點不可思議，但客訴處理高手，很多時候反而能透過應對進退，和顧客建立更好的關係。因為高手能夠一邊清楚表達自己無法去做辦不到的事，一邊誠摯的應對顧客期望，進而得到對方信賴。

3　日本規模最大的連鎖綜合型二手書店，除了書籍、漫畫外，也販售電玩、影音、家電等各項生活用品。

一位任職於家具製造公司的員工，就因為有好好處理客訴，後來，當這位顧客搬家時，便回頭找這位員工商量。好的客訴處理，有助於得到長久的老主顧。

「拒絕反而更受信賴」，這個道理不僅限於客訴處理，也適用於日常溝通上。

明明工作量與精神都已超載，卻無法回絕主管、前輩或朋友的請託。通通接受的後果，就是你趕不上截止期限、不時感到精神疲乏，最後連公司都去不了。假如一開始便好好推辭的話，絕對不會落得如此下場。

另一方面，有很多人即便拒絕他人，也能在工作或私生活上獲得他人信賴。可以說，正因為不接受請託，才能構築良好的人際關係。

距離有人跟我說「溝通能力很重要」，已是許久以前的事了。如今，只要一到書店，你會發現溝通類的書籍琳瑯滿目、隨處可見。

我自己在進行溝通培訓時，特別有感的是，很多人以為溝通能力強的人，擅長閒聊、討人喜歡、營造歡樂氣氛。這個看法是沒錯，你也確實需要有能力製造好氣氛。

人際關係從拒絕之後開始

不過，到底有多少人，因為太過在意營造好氣氛、避免搞壞氣氛，導致自己很難說不，徒留渾身疲憊呢？

真正具備通能力的人，必定懂得拒絕。

至少，我認為真正的人際關係始於這之後。無法謝絕、任由對方擺布，這種關係算不上是人與人之間的往來，只能說是人與奴隸的關係。

事實上，我也曾經完全拒絕不了別人。我以為來者不拒、概括承受是很好的行為，不料，卻導致我因此過勞、吐血倒地，最終入院治療。做好面臨死亡覺悟的我，在病床上下定決心：萬一能活下來，我要活出自己的人生，只為了自己真正重要的人和事物付出時間。

直到鬼門關前走一回，我才第一次明白，通盤接受他人請求，你的人生將走在他人的軸心上，而不是自己的。所以，為了走上屬於自己的人生，就需要懂得拒絕。

此後，我的人生因此而改變了。

現在的我，經營公司之餘，只和值得自己重視的人往來，過著精神富足的生活。只不過，從概括承受到勇於回絕，這條路並不容易。過程中我也不斷反覆嘗試，有時候跟別人吵架，甚至也曾鬧到跟對方從此老死不相往來。

那時，市面上幾乎找不到關於如何拒絕的書。我想找到一本不只告訴你學會說不的重要性，以及即便拒絕也能繼續交往，甚至藉此而建立起人際關係的方法的書，可惜事與願違。因此，本書便是為了當時的我而寫的作品。

從不敢拒絕到勇於說不，有一件事我很肯定，那就是一旦你學會如何說不，人生將隨之改變。我自己的人生就因此改變了。我至今指導過的人當中，有很多人表示：「我找到自己真正想做的事，順利轉行」、「我和老公離婚，找到新的伴侶了」、「我拒絕所有不想去的聚會，托此之福，有空找到最棒的興趣，甚至把興趣變成工作」。

人生苦短，在有限的人生當中，有很多應該做的事。我認為否絕，就是為自己有限的人生留下更多空檔，置入新事物。如果你想改變自己，請務必從拒絕開始。

日本政府於二〇一九年四月起，分階段實施「勞動改革」政策，社會上掀起一股「如何在短時間內提高成效」的風潮。有些企業甚至不得不在深夜來臨前，強制員工下班，我認為這是非常好的做法。我還是新鮮人時，仍是個提倡「給我埋頭工作！唯有投入才能幸福！」的時代，所以不免對邁入新時代有種感嘆。

這是一個更需要「拒絕」的時代

然而，隨著網路與手機興起，無論何時何地任何人，你都能立即取得聯絡。這導致每個人都大幅增加了來往對象和工作量。由此來看，不敢拒絕的人絕對吃虧吃到底。總的來說，不敢拒絕的人大多很溫柔，我至今已目睹太多因為溫柔，而把自己搞得疲憊不堪的人了。

本書傳達的回絕法，也是為了幫助你在這樣的新時代中，如何以重視自己為前提，建立更好的人際關係。我深信只要學會這套方法，一定能為你整個人生帶來溝通技巧之外的影響力。

我希望能讓更多人，在以自己為優先的同時，建立更好的人際關係，邁向更豐足的人生道路。

第1章

為什麼你的大腦總習慣先說：「好」！

在說明技巧前，本章想先逐一解開許多不敢拒絕的人心中的誤解。

當你想拒絕人時，單是知道技巧，很多時候也無法讓你斷然回絕。這是因為，你的大腦長久以來已經習慣「總之先說『好』」了。我不能說這個習慣不好，畢竟，這是你至今都很努力去回應旁人期待的證據。

本章的目的就是要幫你進行「思考伸展操」。做完這個伸展操，將能讓你更加有效的利用第二章起介紹的具體方法。

1 學校總教我們「要以他人為優先」

「我就是不敢拒絕。」

「我就是無法乾脆的說出想說的話。」

「好羨慕敢說敢言的人啊。」

我常聽到別人這麼說。

很多人誤以為自己之所以不敢說不，是因為與生俱來的性格所造成。

這也是不敢拒絕的人通常會有的誤解。然而，沒有人生來就是這樣的性格，因為當我們還是嬰兒的時候，都會藉由哇哇大哭，來明確表達不舒服或討厭。

就連年紀還小的幼兒，都經歷過「這個討厭、那個也討厭」，遇到什麼都愛唱反調的「寶寶叛逆期」。換言之，任何人都曾經是對不想做的事勇於反抗的人（暫且不論手法高明與否）。

你是性格懦弱，才不敢反抗？

至於為什麼在長大成人後，反而變得不敢反抗，原因大多和成長經歷有關。

顧慮一下別人的心情吧、待人要溫和客氣、千萬別給人添麻煩……我們成長過程中，接收到許多「以他人為優先」的教導，並且深入骨子裡，導致我們會自發性的以他人為優先。

另一方面，**學校也幾乎沒有教我們要如何拒絕**。反觀美國因為思辨文化根深柢固，所以會教人明確說出自己的意見，和不喜歡就說出口的重要性，但東方國家就很欠缺這方面的教育。

這點在進入職場後也一樣。企業都很重視去細細傾聽、察覺顧客需求，並設法回應。這些固然重要，但正因為過度將顧客當作神，導致有人認為一定要滿足顧客的所有要求，這就太超過了。

在我的客訴講座上，教導基礎拒絕法給不擅長應付顧客的學員時，常常收到下列回饋：「原來這樣說就可以了！光是學到具體方法，心裡就會很輕鬆。」每次聽到這種感想，都忍不住感嘆，原來都沒人教你們怎麼處理不合理的要求呀。

不敢說不，不是因為性格使然，只是不曉得具體方法罷了。假如一個人小時候承受太多來自親人的壓力，長大後面對他人便很容易情非所願的點頭說「好」。

一個孩子若總是遭受親人用否定性言語攻擊，被說「好好念書！」、「這麼簡單的事情為什麼做不到？」、「怎麼這麼沒用！」這種話語，聽在孩子心裡只會越來越難受，再加上要正面承受這種攻擊實在過於痛苦，為了逃避，不得不讓腦子去想其他事情。到最後只能乖乖聽從父母的話，縱使不甘願也會點頭說好，畢竟唯有這麼做，才能當場平息問題。

其實我小時候，也曾遭到父親嚴重施暴。

父親只要一生氣，就會對我拳打腳踢，父親的暴行對我來說就是恐懼。所以，我對那些幼時曾承受親人過度壓力，因而不敢說不的人很能感同身受。

因為父親是這種樣子，所以無論他要我去做什麼，都沒有「好」以外的回答。這點無關乎敢不敢拒絕，而是我連去想這個問題的餘裕都沒有。結果我養成了反射性回答「好」的壞習慣。即便成年後，童年時期殘留的壞習慣，讓我很長一段時間只會說好。

不敢拒絕、無法說不的毛病，不是你生來就是如此，而是一種後天所養成的壞習慣。不過只要你願意，任何人都可以從「不敢拒絕」變成「勇於說不」。

要修正這個壞習慣，首先最重要的，就是要意識到自己會無意間脫口說好。只要有所自覺，便能冷靜下來，喘口氣提醒自己「我的老毛病又犯了」，接著下定決心「這次一定要拒絕」並實踐，之後便能逐漸根除自動說好的壞習慣了。

你有「不敢說不」的壞習慣？

你有「不敢說不」的壞習慣？想要知道這一點，我想先請你回想一下自己在餐廳時，決定餐點時的模樣。

如果你總是將菜單翻了又翻，卻遲遲決定不了該點什麼，就極可能有這種壞習慣。因為無法說不的人，大腦會忍不住在一瞬間迸出各種想法及顧慮。

「要是反抗了對方心情會不好吧」、「現在拒絕，下次可能就不會再約我了」、「如果不推辭，下次休假就毀了」、「說好才能給對方好印象吧」，各種思慮一個又一個湧上心頭，讓你遲遲無法下定決心。結果，「不拒絕」似乎成了當下看似相對保險的選擇了。

在餐廳不知道該點什麼的人就是如此。因為各種思緒閃過腦海，「有放蔬菜的料理比較好吧？」、「這道菜的熱量會不會太高？」、「這個也太貴了。」、「不知道其他人都點什麼？」使自己無法乾脆做選擇。

這些人和很難開口說不的人，腦中都是處於這種狀態。不過，意識到自己的大腦有這種壞習慣非常重要，因為這正是矯正的第一步。

拒絕人反而為自己的印象加分

不敢拒絕，問題不在於性格，
而是你不曉得怎麼說罷了。

2 因為不敢休息，害我忙到生病住院

從事研習講師這份工作之後，難免讓人誤以為我本來就很擅長溝通、敢於拒絕。不過，我從前曾是典型的「無法說不」的人，甚至以為這是一種優點。

我不敢拒絕的下場

我的上班族職涯始於二手書店 BOOK-OFF。

我的目標原本是當演員，也曾在幾部電影和電視劇中擔任配角。可惜，直到過了二十五歲，我仍然無法靠演員這份工作養活自己，因而開始打工。或許和 BOOK-OFF 正處於草創期也有關係，我成為正職員工後，被委任了各種業務，例如開設新店、製作手冊、職員訓練等。

隨著公司規模變大，我被提拔為關東區經理，薪水也不斷增加。問題在於 BOOK-OFF 全年無休。

在高呼「勞動改革」之前，社會還是個崇尚「能二十四小時工作的男人最帥氣」的時代。我的業務接踵而來，連喘息的縫隙都沒有，身心逐漸陷入疲乏。即便我心想「再這樣下去不行，身體要撐不住了」，卻依然無法說出「我不行了，請讓我休息一下」。

所以，我忍了又忍、馬不停蹄的工作了好幾年後，在某次要搭電車去外地開會時，胃突然劇烈疼痛。我衝入車站廁所，鮮血汩汩從口中溢出，我被救護車載往醫院，緊急入院治療。

幸好沒什麼大礙。

躺在醫院病床上的我，凝望天花板想著：「我原本打算不顧一切、努力到最後，但我好像只是一直忍耐？為了公司、為了疼愛自己的主管、為了辛苦跟隨我的後輩、為了家人……為了滿足這些道義，我在背後吞下了多少忍耐。只是不停的自我犧牲。遇上討厭的事情不敢說討厭；辦不到的事情不敢說辦不到，沒辦法坦率表達自己的感受。如果最後就這樣死了，那我的人生到底是為了什麼……？」這些思緒不停在腦中來回縈繞。

我接著想，假如今後仍然持續目前的狀態，身體和精神遲早都會死亡，所以復職後，我馬上向主管表達辭職之意。

現在回想起來，為什麼我直到倒下前，都沒意識到情況有多嚴重？問題恐怕出在我太輕忽自己不敢拒絕的後果。

我以為就算不敢回絕或推辭不了，總有辦法處理，沒什麼大不了。然而結果就如前面所寫的，我的人生因此陷入痛苦之中。

敢於說不的人則恰好相反。遇上討厭的事能明確說出討厭，正是誠實面對自己的證據。他們不會為了討好他人而犧牲自己。你不覺得這樣做，絕對能活得更幸福嗎？

拒絕人反而為自己的印象加分

你的忍耐，只會造成無法挽回的局面。

3 敢說「不」，彼此關係才會更緊密

我認為無法拒絕的關係，算不上真正的人際往來，只是一種主僕關係罷了。

即便是主管與部屬之間，也理應可以說不，一個人的溝通能力越強，越能為雙方建立起可以說不的關係，情人與夫妻之間更是如此。

若你感到很難拒絕對方，就該懷疑雙方是否真的有好好溝通出共識。如果你能鼓起勇氣回絕對方，說不定能建立起更深入的關係。這份體悟來自我從 BOOK-OFF 離職後，剛到東京都內某間日本料理店工作時的經驗。這家店的料理口味一流，而與眾不同的優秀待客之道，卻更受人

稱道。

因為我的父母曾在京都經營咖啡廳，再加上當時我也想過要開一間餐飲店，所以才選擇那間店作為學習場所。那間店的店長身兼經營者與主廚，而我們這些雇員則稱呼他為「師傅」。

師傅無論在料理還是待客方面都極為講究。特別是清潔，外場和廁所不用說，就連換氣扇背面這種客人眼睛看不到的地方也要打掃，總之店內各個角落都會澈底清潔。

雖然我很尊敬師傅的講究和態度，但唯有一點我不太喜歡。

那就是師傅會在開店前的員工會議上，不分青紅皂白的怒罵員工。「沒看到觀葉植物上的葉子積了一堆灰塵嗎！」、「你這抹布折得不像話！」指名道姓一個一個開罵。

他指責的內容其實沒有錯，就是表達方式太過粗暴，讓員工聽了很洩氣。在開店前被罵成這樣，員工們的心情自然好不起來。

直到某天會議上，當師傅一如既往對每位員工開罵時，我心一橫，對師傅說：「不好意思！其實……在即將接待客人前，每個人都被這樣怒罵的話，會讓我們心情非常低落。如此一來，就不能以發自內心的笑容接待客人。師傅有什麼話，能不能在打烊後說呢？」說完瞬間，師傅臉色大變：「你說什麼！」

我繼續道：「像現在這樣與師傅有爭執的情況下，員工無法以好心情待客，所以後續想請您等到打烊後再說。」

我大膽的向師傅說不。或許你會覺得我也太大膽了，但我內心其實冷汗直流。結果那一天直到閉店後，師傅一句話也沒對我說。

說「不」，反而可以加深彼此關係

然而，隔天如常召開營業前的員工會議時，師傅突然向員工低頭說：

「我昨天一整天想了很多，覺得津田說的沒錯，我向各位道歉。」並表示今後的會議由我主持。

我因此成為外場領班。此外，師傅也能與我推心置腹的談話了。我會站在唯有員工的立場和角度才能看到的問題點，不斷向師傅提出諫言，轉眼間，我升上了店長。

後來我才知道，至今在那間店工作過的員工中，我是第一個敢站出來反抗師傅的人。但正因為我開口說不，才能和師傅深交。

我很敬佩師傅對料理和待客的熱情，以及事必躬親、投入工作的態度。所以，我真的很開心能和師傅建立深入交情。

當然，你可能會因為拒絕，而毀了一段人際關係，但也可能跟我一樣，讓一段關係更深刻。

說完不的瞬間，或許會很尷尬。不過，你難道不覺得那種不能說不的關係，其實非常膚淺嗎？

遇到奧客，直接拒絕不用客氣

「要小心，如果對所有客人都等同視之，反而會提升顧客的不滿意度。」、「顧客說的話不要照單全收，做不到的事情就是做不到，不行的事情就果斷拒絕。如此一來，店家才能吸引更多優質的客人上門，最終提升業績。」上述是我在講座上一定會說的話。

如果要花心思一一滿足那些無理取鬧、囂張任性的奧客，那就沒有多餘的心力去照顧真正重要的顧客。很多自營業者和自由工作者都很煩惱拒絕之後就沒工作，但我建議，如果有你不想接的工作，還是果斷拒絕會比較好。

我自己就會積極拒絕這種工作。舉一位只想消化預算，而舉辦企業培訓的負責人為例吧。

「你能在一天內趕快教一下這個和那個嗎？」對方委託我只做形式上

的培訓就可以了。那種態度簡直像是說「錢會付給你，別跟我囉嗦太多，乖乖照做就對了」。但我看得出來，這種培訓辦了對員工也毫無幫助，我教起來也很沒意思。所以遇上這種委託，就算開價很高我也會回絕。

唯有拒絕不投緣的顧客，我才能好好把時間花在真正重要的顧客身上，並且傾注全部精力。

於是，這種「上次的培訓太棒了，下次可以請你為全部的員工上課嗎？」、「可以請您每年都來為新人上課嗎？」的委託就找上門來了。由此產生的收益甚至超過了回絕的損失。

拒絕人反而為自己的印象加分

藉由回絕，來嚴格篩選想要的人際關係，結果反而更好。

4 強迫自己說「好」，結果我離婚了

不拒絕，就某方面來說，意指你在當下選擇了安逸。

對提出邀請或請託的人來說，大多時候得到「好」（Yes）的回覆會比較開心。回絕確實可能會傷害對方感情，或是留下壞印象，也無法保證之後是否會引來對方大發牢騷或怒氣沖天。

反之，假如先不計後果答應下來，至少可以先避開眼前的麻煩，內心也不必承受「對方應該會很失望吧」這種愧疚感。因此，我想不少人遇上這種狀況時，才會寧可先說好，而不是推辭。

但你是否以為先拖著，事情就會自然解決了？

延後說「不」也不是好事

我以前總是輕易妥協。我前妻就算在家中，也會要求我嚴格遵守細碎的規定，如「浴缸熱水放半滿就好，我想節省水費」、「電視盡量小聲一點」等。

雖然心裡想著「拜託饒了我吧」，但一想到自己每天被工作追著跑，因而沒能一同養育小孩，這種愧疚感都會讓我先順從的說「知道了」。但最主要的原因是，我覺得很麻煩。

畢竟，要是對太太說不，我們勢必會吵起來。上班已經夠累了，回到家還要爭吵只會更累。所以我想盡辦法聽太太的話，強迫自己說：「好、好」來應付當下狀況，拖住應該說出口的「不」。

不拒絕，只會讓事態無法挽回

如果真的是自己討厭的事情，其實應該當下馬上回絕。

美國研究夫妻關係的第一人——約翰．高曼博士（John Mordecai Gottman），在其著作《七個讓愛延續的方法》（*The Seven Principles for Making Marriage Work*，遠流出版）中，記述了下面這段話：「可以確定的是，婚姻幸福的夫妻從來不是完美的結合。即便雙方都對婚姻生活極為滿足，但兩人的脾氣、興趣和價值觀也有很大的差異。夫妻之間也經常有爭執，好比為了家計、工作、小孩、家事或性生活，甚至會為了雙方的父母兄弟姐妹多次爭吵。但維持婚姻幸福的奧祕就在於，他們無論如何都會為了不讓這些問題埋下禍根而溝通討論。」

問題既非性格不合，亦非頻繁爭吵，而在於如何溝通。

我後來離婚了，原因有好幾個，其中包含我無法對太太說「不」，但恐怕跟前妻無法對我暢所欲言這點也有關係吧。

在當下選擇不拒絕，把麻煩往後延確實很輕鬆，但若不斷拖下去，則可能陷入無法挽回的局面。

”

拒絕人反而為自己的印象加分

拒絕要趁早，
如此一來，不論自己或對方都會比較輕鬆。

5 不敢拒絕的人，更容易成為拒絕高手

你是否嘴上總說著「我不敢拒絕」，然後別人說什麼你就照辦？不過，自認為不敢說不的人，反而更有潛力成為回絕高手。

雖然有點突然，但「在人前講話會緊張」，與「完全不介意在人前講話，也完全不緊張」這兩種人當中，你認為哪一種比較適合當講師？

就以我自己的經驗來說，無庸置疑，是不論站上講臺多少次，每次都會感到緊張的人，更容易成為好講師。

因為會緊張，就代表你有把聽眾放在心上。像我直到今天，每次上課前還是會很緊張。聽眾會怎麼想我說的話？聽眾有充分理解嗎？正因為擔

心這些問題，心臟才會撲通撲通亂跳。

為什麼窮緊張的人會是好講師？

留意聽眾反應，對於講師來說非常重要。「如果有人露出不懂的表情，就換個方式再說一遍」、「很多人都快睡著了，休息一下好了」等，唯有讀懂狀況，才能掌控全局。緊張，恰好證明你重視眼前對象。

「站在人前也不會緊張」這種人，因為不在意聽眾，所以能毫不在意的說不停，一股腦傾倒自己想說的話，這會導致聽眾的注意力逐漸渙散，最終煩躁不滿，這種實在稱不上是好講師。

事實上，拒絕也是一樣。

不擅長拒絕的人，總會太過介意對方的反應。對方會不會因此而失望？婉拒後會不會傷害到對方？正因為顧慮對方才很難張口回絕。比起自己，更為別人著想，這種人大多心地非常善良。

不擅長說不的人，拒絕時反而給人好印象

不管對方是誰，能留下好感的回絕法，都少不了同理心。

不論你拒絕得多爽快，但凡傷害到對方，都不算「正確的拒絕」。換句話說，一個人如果對自己不擅長推辭，或察覺到自己無法說不，更有可能學會高明的拒絕技巧。

如果正在閱讀本書的你還只會說好，請儘管放心。你一定能成為「回絕也能留下好感」的人。只要利用第二章傳授的方法，再加上一點勇氣，你一定能深受旁人信賴，也能過著不被別人牽著鼻子走的人生。

拒絕人反而為自己的印象加分

不會拒絕的人都很在意對方的心情，而好感拒絕法恰好都要同理心。

6 就算不說對方也能知道？

在你考慮想成為能果斷拒絕的人時，請記住，人與人之間沒那麼容易相互理解。

不敢回絕的人當中，有不少人期待，「就算不說出口，對方也能自行猜到」。例如被交付工作時，即便心裡想著：「我眼前的工作已經堆積如山了，沒辦法再接了呀……你難道看不出來嗎？」嘴上卻回答：「我做得到！」然後一邊期待對方有一天會察覺自己有多忙碌，一邊使身心陷入過度勞動。

人們常說：「要說出來才知道。」但有時就算說了，其他人也不理解。然而，若不說出口，就更難了解對方的想法。因為人與人之間很難互相理解，所以才需要努力讓對方知道；也因為對方不了解你，所以必須慎重表達自己的想法。

下一章開始，我會傳授給人好感的具體拒絕法，但只要把「我自己不夠了解對方，對方也不太了解我」這件事放在心上，努力去了解對方和表達自己的想法，就不至於用太離譜的方式拒絕對方。

「就算不說對方也知道」這種關係或許很理想，我也相信世上有不用一一說出口，也能互相明白對方心情的夫妻，但即便是互通心意的夫婦，必定都經歷過為了弄清楚彼此討厭什麼而溝通的過程。正因為徹底談過，才能達到「不說也明白」的境界，不是嗎？

工作也一樣。那些資深搞笑藝人當中，有些人在臺前合作，但下臺後或私下場合上幾乎不交談。不過，即使如此，他們還是能在舞臺上或節目中展現極佳默契。我想他們年輕時一定常常聊天，不時透過吵架來磨合，才培養出這種默契。

拒絕人反而為自己的印象加分

正因為人與人之間無法相互理解，才更需要用話語來傳達。

7 你其實可以有其他選擇

到此為止，我不斷強調拒絕的重要性。不過，我希望你不要因為自己至今都過著說好的人生而感到自責。

人生中某個時期確實需要來者不拒、什麼都做。

我覺得有機會收到請託，無論是什麼事情，即便你提不起勁、不打算積極去做，也先去試試看會比較好。因為除非你親自嘗試，不然你不會知道自己適合什麼、對什麼感興趣，或者什麼會令你完全樂在其中。

我不後悔自己經歷過那段對什麼都說好的時期。

由於在 BOOK-OFF 時沒拒絕交辦的工作，我才能當上管理職，從中感受培育人才的快樂，同時了解自己體力的極限。

我經營的公司原本為管理公司，後來之所以轉型成培訓公司，是因為某間培訓公司的社長對我說：「津田，既然你以前演過戲，要不要來當講師看看？」才開始嘗試的。

雖然覺得自己做不好講師，不料，事後卻發現學員們都很開心，工作委託蜂擁而來，才漸漸覺得講師的工作很有趣。所有找上門的委託，我通通收下不拒絕，結果一年內開講超過兩百次，有時候甚至講到喉嚨完全沒有聲音。

這些經驗全部化為我的糧食。因此，我認為人在二十多歲時，需要一段以不拒絕來蓄積能耐的時期。

然而，不論你有多年輕，也沒必要一忍再忍。你的人生永遠屬於你自己，為了活出自己的人生，你必須自己去思考何時該說「不」。

你要去思索，自己是身處來者不拒、什麼都做的時期，還是有本事拒絕的時期。判斷基準就是，你現在是否因為人際關係而感到煩惱或痛苦，無論煩惱是大是小，即便是瑣碎微小的煩惱，一旦吞下肚，就可能像病毒一樣繁殖，對你的人生帶來壞影響。

如果你或多或少因為人際關係上的煩惱，而拿起本書，那就代表現在就是你該學會如何拒絕的時候了。

拒絕，就是給自己其他選擇

以我個人的真實感受來說，儘管在不回絕時期得到了成長，但學會拒絕不只為我帶來進一步成長，甚至還引領我邁向不同的人生舞臺。

所謂「拒絕」，換句話說，就是做其他選擇。當你對某件事情說不，必定會得到什麼來代替你所捨棄的。

我在吐血倒地後決定離開 BOOK-OFF，卻收到多次慰留，例如「希望你重新考慮」、「可以給你其他職務」、「子公司成立後希望你去當社長」。即使當時的社長和副社長都非常照顧我，而我也非常感謝這些慰留，但我心意已決，並明白表示：「我打從心底感謝至今受到的關照，但繼續做這份工作，我覺得自己可能會沒命。這十年做下來，我明白這不是自己想要的生活，所以請允許我辭職。」

雖然最後拖了半年以上才得以正式離職，但總算平安圓滿的離開公司。我之後也是歷經波折才走到今天。

在 BOOK-OFF 的各種經驗，確實為現在的自己帶來許多幫助。不過，若當初我沒有開口表示「我要辭職，不能再這樣工作下去了」，就不會有現在的我。我能走到今天，最重要的轉捩點，就是回絕社長和副社長以升遷來慰留我的請求。

有時候，回絕能為你開闢另一條道路。

你最初或許會很抗拒拒絕他人，但勇於說不，必定會有所收穫。畢竟有些路，要在拒絕後才能找到，請務必張大眼睛去發現。

在你能得到、或對回絕後的收穫有真實感之前，可能要經過一段時間，你或許不會馬上感受到回絕所帶來的好處。但我希望你記住，你認為「幸好當初拒絕了」的這一天必定會到來。

拒絕人反而為自己的印象加分

雖然來者不拒、努力投入有其必要，但假如你現在深陷苦惱，那麼是時候來學會如何婉拒了。

第 2 章

七個原則，讓你拒絕人還能為自己印象加分

本章想介紹任何情況皆適用的超基本拒絕法。

以棒球為例，本章目的是讓你「學會基本的擊球姿勢」。就算你明白拒絕有多重要，但光是一味的推辭，只會換來渾身疲憊。就像你站上打擊區，卻用怪異的姿勢握住球棒，然後胡亂揮擊沒兩樣。如此一來，就算你擊中，球也飛不遠。

另外，本章也會介紹溝通能力強的人覺得理所當然的事情。所以只要回絕時，試著把這些事放在心上，就能在拒絕之餘，還給人留下好感，請務必試試。

1 先說感謝，再說辦不到的理由

拒絕法中採取「感謝→結論（拒絕）→感謝」，是基礎中的基礎。不論你遇上任何情況、任何對象，這個基本形式都很重要。

具體來說，請參考以下例子：

案例 2-1　口頭回絕朋友的喝酒邀約

你：「謝謝你的邀請（感謝）。但是我那一天已經有約了，恐怕去不了（結論）。真抱歉！」

友：「這樣啊，真可惜。」

你：「真的很感謝你約我啊（感謝）！」

案例2-2 婉拒顧客退還不可退換貨商品的要求。

你：「誠摯感謝您本次的消費（感謝）。但是非常抱歉，因為這項商品不能做退換貨，所以無法幫您辦理（結論）。」

顧客：「這樣啊。那就沒辦法了。」

你：「真的非常抱歉，還讓您特地跑一趟，真的非常感謝您的諒解（感謝）。」

首先要表達感謝之意，接著再傳達「行不通」、「辦不到」，最後再加入感謝的話語，我稱之為拒絕的「基本三式」。若你擔心無法順利回絕，那就先回想基本三式。我相信很多案例都能靠此順利解決。

充滿敬意的感謝更能強化好感

如果你能在基本三式的「感謝」中加入敬意，會讓人好感倍增，這點算是基本三式的應用篇。舉例來說，像下例一樣在開頭時表示敬意：

「非常感謝您委託我做這份工作（感謝）。我很尊敬您在臉書上的活躍，這次有幸接到工作委託，真的非常開心（敬意）。」

所謂敬意，如同字面上的意思，但不需要想的太困難。正因為你很尊敬對方，才會說出「一直以來很景仰您的活躍」、「真的很開心收到委託」。在感謝之後表達敬意，能更進一步加強你在對方心目中的好印象。

緩衝語句，助你溫和又明確的拒絕

感謝的下一步是向對方明確表達「辦不到」、「行不通」、「無法遵照您的期待」、「無法回應您的期望」。

不過，貿然回絕，對方可能聽起來很刺耳，或者覺得被冒犯，這時最好加上「緩衝語句」。

【緩衝語句實例】

「真的很抱歉，但……。」

「實在非常抱歉，但……。」

「恕我冒昧，不過……。」

「真的很不湊巧（很遺憾），但……。」

「若您方便的話，是否……。」

「給您添麻煩了，但……。」

「可以的話……。」

「雖然很難以啟齒，但……。」

「如果您不介意的話……。」

加入緩衝語句的拒絕話術，列舉如下：

【拒絕時的緩衝語句】應用實例

×這件事我們無法處理。

○真的萬分抱歉，這件事我們沒有辦法處理。

×他現在不在座位上。

○實在很不湊巧，他目前不在座位上。

×這件事沒獲得批准。

○很遺憾，但這件事沒得到批准。

×那天已經有約了。

○承蒙您特地邀請，可惜那天已經有約了。

×請容我謝絕這次邀請。

○由於超過我能力所及，請容許我婉辭這次邀請。

×請容我婉拒這份好意。

○懇請您容許我婉拒這份難得的盛情。

×請您務必諒解。

○非常抱歉無法遵照您的期待，懇請您務必諒解。

×請恕我們無法處理。
○請容我們致上萬分歉意，這件事無法處理。

你難道不覺得比起單純表達「他現在不在位子上」、「無法回應您的要求」、「這天不行」，這樣說能加倍緩和婉拒後所給人的負面觀感嗎？

不要回答「能去就去」

另外，關於基本三式的「結論」部分，有些人會回答「能去的話就去」。有人邀請你參加什麼聚會時，不可曖昧模糊的回答「能去就去」。會這麼回答的人，實際上大多就是不會赴約了。

之所以敷衍的回答能去就去，應該是怕回覆「不能去」的話會被討厭，或是不想引起摩擦等心態所致。

事實上卻會造成反效果。「能去就去」，這種曖昧的回答，會讓人搞不清楚你到底是「其實沒有很想去，但有空的話還是可以去」，還是「其實很想去，但不曉得能不能去」。

聽到這種回答的人，大多都想弄清楚你到底要不要來。

萬一你當天真的去不了，反而會讓對方認為「他就是這種人（明明不想來，卻說得跟真的一樣）」。反之，就算你最後去了，對方也可能認為「這傢伙有夠隨便」。如果真的不想去，就清楚回答「去不了」，更容易讓對方留下好觀感。

不過，你也有可能遇上很想去，但因為還不確定自己的行程，所以還無法答覆。

這種情況就先感謝對方的邀請，並老實告訴對方：「我很想去，但行程表還沒確定好，所以無法答應，確定後再跟您聯絡。」重點是，如果無法確定是否會去，就不要跟對方說「我會去」，而是等行程確定下來後，再由自己來聯絡對方。

拒絕人反而為自己的印象加分

總之將「感謝↓結論↓感謝」銘記在心。

2 開頭就要先提對方姓名

（走進餐廳時）

A：「歡迎光臨！」

B：「歡迎光臨，津田先生／女士／小姐！」

誰都有名字，且任何人都會因別人記住自己的名字而感到開心。稱呼對方姓名，代表你有記住對方。當你走進一間餐廳時，不論店員是以A或B的方式跟你打招呼，相信你會同意B更能給人留下好感。

哪怕是很簡單的問候，你難道不覺得「津田先生，早安」，比單單一句「早安」要好；「津田先生，辛苦您了」也比只講「辛苦了」更令人開心嗎？

光是加上名字，便能免除一種在說社交辭令或義務表態的感覺，會讓對方覺得你是認真在對自己說話。

回絕時也適用這種說法。

如果你知道對方姓名，正確稱呼對方姓名更能增加好感。

「實在非常抱歉，但這件事無法遵照您的期望進行。」

「津田先生，真的非常抱歉，這件事無法遵照您的期望進行。」

你不覺得，後者更能給人好印象嗎？

加入姓名是此處的重點。雖然也能用「客人（貴賓）」、「您」或「閣下」等敬稱來稱呼對方，但這種說法總有股說不上來的距離感，而且聽起來很事不關己。

這與雙方的上下關係或立場無關。即便對方是部屬、後輩，或年紀比自己小很多的人，也應該一視同仁加入名字（倒不如說，越是這種情況更要這麼做）。

起手式為「○先生／女士／小姐」，而非「請問……」

另外，在一開始就加入姓名會比較有效果。「最初所顯示出來的特性，很容易留下印象（記憶），會大幅影響其後的評價」，這在心理學上被稱為初始效應（Primacy effect），是由一位波蘭裔學者所羅門・阿希（Solomon Asch）於一九四六年提出。

比方說，當你要拒絕老闆的請求時，別膽怯的用「那個……」當開場白，而是坦蕩蕩的先說出對方的名字，反而比較能讓老闆留下好印象。

以電子郵件或 LINE 等文書形式表達婉拒之意時也一樣，一開始就要寫上姓名。雖然 LINE 或臉書的訊息屬於一對一往來，但還是希望你「刻意」加上姓名。

有沒有先加上姓名再表達感謝之意，抑或是道歉，都足以改變傳到對方心裡時的感受。

拒絕人反而為自己的印象加分

特地加入姓名，能大幅提升你在對方心中的好感。

3 說謝謝，連說三次

德國心理學家赫爾曼・艾賓豪斯（Hermann Ebbinghaus）在其所提出的「遺忘曲線」（Forgetting Curve）中表示：「人類的記憶會在二十分鐘後忘記四二％；一小時候忘記五六％；一天後則忘記七四％。」亦即，就算你現在背了十個單字，一天後也只會記得兩到三個。

很多時候，在你婉拒他人之後，與其讓對方的腦海中留下「我被拒絕了」的事實，還不如讓對方存有「我被感謝了」的印象更能博得好感。

為了能讓對方記住這份感謝，我會想辦法傳達三次。

「謝謝您來找我」、「謝謝您特地邀請」，若能在對方心中留下這份感謝之意，對方自然會有「下次再來拜託吧」、「下次再約約看吧」的心情。

關於前面提到的「感謝↓結論↓感謝」基本三式中，只有兩次感謝，那第三次該怎麼辦呢？重點在於「隔一段時間再表示」。

當你事後再次以電子郵件等方式聯絡對方、或日後見面等場合時，記得要好好表達「非常感謝您之前找我！」等感謝之意。

比方說，當你請別人吃飯時，若聽到對方當場表示：「謝謝您的招待。」一定會感到很開心，但若對方事後再度以 LINE 或電子郵件道謝，難道不會讓你更開心嗎？

另外，有些人回絕時只會說「不好意思」，這樣並不會讓對方留下好印象，我建議用「謝謝」來取代「不好意思」會更好。

我希望各位表達感謝的對象，不僅限於工作夥伴，這點對戀愛中的情侶或夫妻也很重要。

戀人或夫妻之間，感謝三次也很有效

對戀人和另一半感謝三次也非常有效果，但明確說不也很重要。因為有人會以「喜歡對方」或「想被對方喜歡」為由，而無法開口拒絕，但這樣的關係沒辦法長久持續，即便持續，雙方關係也不會對等，最終導致疲乏無力。

話雖如此，相信被伴侶拒絕，任誰都不好受，畢竟關係越親近越容易受打擊，所以才需要適度表達感謝之意。

千萬別因為共處時間一長就疏於道謝，如果有意識的道謝三次，以及養成明確說不的關係，便能良好的持續下去。

假如你要回絕某件工作或是私人要求的話，請務必在使用「基本三式」之後，另外再找時間道謝，這樣一來必定能大幅提升你在對方心中的好感。

拒絕人反而為自己的印象加分

隔一段時間後，再次向對方說聲「謝謝」。

4「我現在很忙」，是個爛理由

我在本章一開始就有提到，要以「感謝→結論→感謝」這個基本三式來推辭。

關於結論，雖然要加上「做不到」、「去不了」、「無法參加」等拒絕用語，但這時千萬別忘記說明理由。

例如，你約朋友一起去看電影，結果得到以下回覆：

A：「抱歉！那天去不了。」

B：「抱歉！我那天因為有工作去不了。」

試問A和B，哪一個能讓你留下好印象？

若要從中擇一，相信多數人都會對B更有好感吧。

A的回答會令人好奇去不了的理由，而忍不住在心裡胡亂猜想，是因為早有安排所以去不了？還是因為不喜歡那部電影？或者，該不會是討厭我吧……？

有鑑於此，一定要說出理由。

不能只用「因為很忙」打發，要更具體

拒絕理由百百種，然而以「現在很忙……」為由，並不會給人留下好

印象。由於對方無法想像你在做什麼、如何忙碌，所以覺得你「八成是不感興趣吧」，也無可厚非。

如果回絕理由越清楚具體，越能留下好印象。別說「因為很忙……」而是要說「因為工作很忙……」、「主要是年底有很多案子湧進來，行程排得太滿所致」讓對方知道忙碌程度，對你的觀感也會變好。

當然也不是一味的說理由，重點在於回絕時，盡量讓理由更具體。對接受方而言，或許有人會察覺「現在很忙」，只是你圖方便的藉口，不想來才是真心話。

不過，也可能會有人把理由當真，而反覆提出邀約，如：「現在忙的話，大概什麼時候可以告一段落？」、「現在忙不過來的話，改約下個月方便嗎？」就算你真的很忙，遇上真心想拒絕的對象，也不適合以忙碌為由回絕。

雖然上一節提到一定要說明理由，但你也可能遇上一些無法誠實交代的情況。

比方說，你其實不喜歡委託或邀約的內容，或是根本不喜歡提出委託或邀約的人，上述情況說實話只會徒增困擾，一不小心可能招致反感甚至沖天怨氣。

以自身感受當作理由

那麼，這種情況下該怎麼回絕，才能不得罪人呢？其中一個方法，就是以自身的感受作為理由。

例如，合不來的同事邀你一起參加聚會喝酒時，可以試著這麼說：「謝謝你特地邀請，但我其實很怕跟一群人喝酒，所以請原諒我這次無法參加。」重點在於把拒絕理由歸咎於自身感受。

你要坦誠的為自己的立場表態，如：「跟我的喜好不合」、「我不感興趣」、「我不擅長」，讓人明白理由在你而非他身上。如此一來，就能避免對方責怪，還能順利推掉邀約。

附帶一提，我都會背地裡稱呼那些和自己合不來、很討厭的人為「香菜君」。

喜歡香菜與討厭香菜的人極為壁壘分明對吧？這純粹是個人口味偏好問題，跟香菜本身是好或壞無關。人與人之間也一樣，就算我討厭一個人，也和對方本身好壞無關，只是碰巧合不來罷了。

「場合」也一樣。假設你很討厭「跟一群人喝酒」，這種狀況也跟「一群人喝酒」的好壞無關，只是你碰巧覺得很棘手罷了。

回絕時，只要好好向對方表達這件事就可以了。

不過，有些人在回絕違背自身喜好的人或狀況時，會露出一股義正詞嚴之感，這不僅可能使情況變得更麻煩，也會讓對方留下壞印象。

例如，有位工作上認識的已婚異性單獨邀你一起吃飯，而你想拒絕時。你覺得用以下這種說法回應，對方會有什麼感覺？

你：「你我都是已婚人士，跟伴侶以外的人單獨吃飯不太好。」

別主張自己的「正當性」

雖然你說得一點也沒錯，但聽在對方耳裡，等同於被宣告「你這樣不對」，自然無法輕易認同：「也對，你說得沒錯」。

無論任何情況，每個人都會有不同的思考角度。說到底世界上幾乎沒有一種適用於所有人的正確說法，然而，一旦端出「正確與否」，不僅可能傷害對方，也可能使雙方陷入毫無意義的爭執中。

遇上這種情況時，不妨像這樣，把個人因素當作理由：「我有點抗拒跟已婚人士單獨吃飯，所以這次很抱歉。」

你只要如實表達個人心情（感覺），這樣之後比較容易留下好感。

拒絕人反而為自己的印象加分

拒絕理由，除了要具體，還要坦承自己的感受。

5 你的解釋，不能超過一分鐘

當你婉拒時，足以大幅左右對方印象的因素之一，在於反應時間。不曉得你有沒有這種經驗？經過漫長時間的等待，結果只等到對方一聲不。

基本上，當你提出委託或邀約時，對方越快回覆，越能在你心中留下好感。從投出委託或邀請之「球」的立場來看，從你投出球的瞬間，便很難不去在意對方的反應。

對方會不會接受我的好意？會不會不高興？會不會答應？會很開心的來參加嗎？你會有各種擔心。因此，不論會收到什麼回饋，都寧可儘早知道結果。

不過，若你覺得還需要一段時間才能回覆，不妨參考下列方式，盡快讓對方知道。

「非常感謝您這次的邀請，我十分榮幸能收到這樣的工作委託。但由於要先確認排程等各事項，還需要一點時間才能正式答覆您，懇請見諒。」

不解釋一堆理由

我出於工作上的關係，曾經研究過人們能花多少時間、專注的傾聽別人說話。

像電視新聞中，一則新聞大多會整理成一分十秒到一分半左右，因為若超過這個時間，觀眾就會失去注意力。

若是企業的新人招募考試，給的時間又更短了，據說面試官能專心傾聽學生說話的時間，僅有十五秒而已。十五秒到三十秒之間，注意力會減半；超過一分鐘，許多面試官會覺得太冗長而開始不耐煩。

人能夠專心聽別人說話的時間，真是意外的短。

這個道理，也適用於拒絕時。

回絕委託或邀約，難免會給對方留下壞印象，如果還長篇大論的解釋個沒完，只會讓對方心情更糟。所以答覆時間最好控制在一分鐘以內；書面文字則大約五百字以內。

這本書的格式為：每頁十三行、每行三十二個字，若單頁填滿，則會有四百一十六個字。因此，只要一旦超過本書的一頁，對方便會覺得你廢話真多。

只要能表達得簡潔易懂，就足以改變對方的觀感了。

”

拒絕人反而為自己的印象加分

回絕他人時，口頭最長不超過一分鐘，文章控制在五百字以內。

6 說服的理由，說理也要講情

我先舉個例子，假設在深夜的車站月臺上，末班車再過幾秒就要發車了，你無論如何都想搭上那班車而拚命往前衝。

可惜，車門就在你眼前無情的關上了。這時，如果附近有位站務員給了你下列反應，你會做何感想？

你：「難道不能再多等我幾秒嗎？」
站務員：「不行，因為已經過了發車時間，這是規定。」

聽到這種回答，難道你不會覺得「唉，我知道規定是規定，但就不能顧慮一下我的心情嗎？」

我每年都會到縣政府或市公所等公家機關，進行客訴處理培訓課程，因而發現很多不擅長處理客訴的人，會經常以「這是規定」、「這是既定做法」這種說法回應。

雖然是事實，但聽在對方耳裡只會感到不愉快，所以往往讓事情變得更麻煩。

或者，你覺得下列這種回應如何？

你：「難道不能再多等我幾秒嗎？」

站務員：「沒辦法，如果不遵守發車時間，之後就會被主管罵死，而且我也不想被車上的乘客投訴。」

這種回應也會讓人覺得「你只考慮自己方不方便？」而心生不快吧。人類很不可思議，聽到有條有理的話會不舒服；對充滿情緒性的言論也會感到莫名厭煩。

在日常溝通時也一樣。不論你回絕的理由有多正當，只強調正當性會讓對方不快；而從頭到尾只強調自身情緒也同樣會令人不快。

感情與事實交替出現

這種情況下，我希望你交替表達心情（感受）與事實。乍聽之下或許有點難，但出乎意料的是，我們其實都會下意識的在言談間，穿插著心情與事實的言詞，例如：

「非常感謝您的邀請（心情）。」
「但我那天預計要到關西出差，無法出席您的邀約（事實）。」
「我很遺憾這次無法赴約，但能收到您的邀約，我真的非常開心（心情）。」
「下次舉辦時，我很樂意調整工作行程力求前往參加。如下回舉辦日期確定了，請務必與我聯絡（事實）。」
「再次感謝您的邀請（心情）。」

雖然這個回絕案例很制式化，但其中的確包含了心情與事實。

在前面，我依序介紹了回絕的基本三式「感謝→結論（拒絕）→感謝」，其實同樣的順序，也能應用在結論部分——即適當的表達事實，而順序就會成為「心情→事實→心情」。

特別小心理論型人

話雖如此，還是有不少人會在無意間過於感情用事，或是只求事實不講情面。從我經歷過的種種客訴來看，我覺得要特別小心那種講究邏輯的理論型人。

理論型人重視邏輯和效率的態度，對於處理公司事務來說非常珍貴。每當出現什麼問題，這種人能迅速理出頭緒並找出解決辦法，因而備受讚揚。這種兼具邏輯性與高效率特質的人，在世人眼中極為優秀。

然而，這種性格在回絕他人時，可能會適得其反。譬如讓對方留下非常冷漠的印象，且可能會不小心用大道理讓對方顏面盡失。如果你覺得自己是理論型的人，你應該要有意識的用能表達自己感情的詞語。

最後，我想介紹一種如何交互使用心情與事實來婉拒的理想拒絕法。

案例2-3 站務員如何回應沒趕上末班車的乘客

乘客：「難道不能再多等我幾秒嗎？」

站務員：「我很明白這種心情（心情）。」

乘客：「明白的話就多等一下呀！」

站務員：「雖然很明白您的心情，但實在是沒有辦法多等（結論、事實）。」

乘客：「為什麼！不就幾秒而已耶！」

站務員：「敬愛的顧客（即便不知道對方姓名也要加上稱呼）。由於電車內已有乘客，一旦延遲發車，可能會為很多客人帶來不便，敝人的職責是必須確保班車準時出發（事實）。您是否願意多多包涵呢（心情）？」

乘客：「唉，我也不是不明白你的難處呀。」

站務員：「真的非常感謝您的搭乘（感謝）。對了，您有沒有哪裡受傷？（心情）」

案例 2-4　工作夥伴（已婚異性）提出兩人一起單獨吃飯的邀請

對方：「我們兩人下次一起吃個飯吧？」

你：「謝謝您特地邀請（感謝、心情）！不過，真的非常抱歉，如果還有邀請其他人的話我就能去，但只有兩人吃飯就不行了（結論、事實）。」

對方：「為什麼？只是吃個飯而已喔。」

你：「我相當了解這一點，以下純粹只是我個人的感覺。我對於和已婚者單獨吃飯這件事，心裡總有股說不上來的牴觸。尤其像○○先生／小姐（稱呼姓名）這麼優秀的人願意邀請我，實在讓我倍感榮幸。但是這次真的非常不好意思，您能夠邀約我，我真的很開心（感謝、心情）。」

> 拒絕人反而為自己的印象加分
>
> **傳達時要記得：理性的人，要訴諸「感情」；感性的人，要陳述「事實」。**

7 音調高一點，更容易傳達情感

在企業裡的客服中心，由於顧客看不到客服人員的表情，故客服人員的聲音會大幅左右顧客的印象。有鑑於此，各個客服中心對顧客進行了聲音好感度調查。

調查結果出來後，你覺得「最讓顧客反感的聲音」是哪一種？答案是音量太小的聲音。

那種過於微小、聽不清楚到底在說什麼的聲音，最容易讓顧客煩躁不已。假如第一聲太小，瞬間便會讓接聽人因為聽不到而惱火。

當你回絕某人的委託或請求時，要注意自己出於「抱歉」這種愧疚心，而不自覺壓低音量的狀況。不論你想向對方說什麼，如果對方接收不到就毫無意義。

雖然第一聲最重要，但收尾時也很重要。很多情況下，正因為句尾不夠明確，導致對方不明白你到底想說什麼。

音調比平常再提高一階

聲音的音調也很重要。

一般而言，人們覺得「Fa」或「So」的音調最能給人好感，但我認為沒必要拘泥於此，我一般會請學員發出比平常高一階的音調即可。

每個人都有一個自己最容易發出的音調，而我們通常也是用這個音調來跟他人談話，只不過這種音調很難帶入感情。

在此，想請你用比平日略高一點的音調，試著說聲「謝謝」。你不覺得用高一點的音調說話，更容易帶入情感嗎？

然而，謝絕的情況有很多種，所以我不覺得拉高音調適用於所有情況。像要說明時，與其參雜多餘的情緒，用平常的語調來說明會更好。

儘管如此，至少在開頭和結尾，以及整段過程平均下來，設法抬高一點音調，好讓對方留下更好的印象。特別是講電話時，因為看不見對方的表情，更要留意聲音表現。

打電話道歉時，頭也要跟著放低

在面對面的情況下，比起聲音，更要注意臉部表情。因為表情所能呈現出的內心反應，比我們想像的要多更多。

比方說，某位員工一邊處理投訴時，一邊想著「真想早點結束去做下一個工作」、「好想趕快做完回家」，此時，不論嘴上說得多好聽，這些心思都會反映在臉上。你大概也很難相信一個嘴上說「很開心」，但眼睛卻毫無笑意的人是在說真心話吧。

很不可思議的是，有時候即便看不見表情，也能傳達出一定情緒。你難道不覺得，有時彷彿看得到電話另一頭的人是什麼表情嗎？

經常看到有人邊講電話邊低頭道謝或道歉的場面，我相信這份心意是能夠傳達給通話對象的。故而有些客服中心會教導員工道歉時，即便顧客看不到也要好好低頭致意。

另外，面對面時要注意自己的視線。即便好好看著對方講話很重要，但如果死盯著不放，有時候反而會讓對方倍感壓力。

不妨請朋友或同事協助，默默盯著你的雙眼數秒看看。

你一定覺得自己正在被分析、彷彿要被看穿的感覺。我因為工作關係，非本意的給人這種感受，也曾經有人向我反映：「很害怕被津田先生盯著看。」

如果你說話習慣盯著對方眼睛看的話，我建議可以把目光稍微放低一點。如此一來，對方也比較不會有壓迫感，或者想避開視線。

拒絕人反而為自己的印象加分

聲音再高一點、大聲一點；
視線要比眼球高度再低一點。

8 最佳拒絕的案例示範

到目前為止，我已經告訴你好感拒絕法的基本原則了。現在來溫習一次本章的內容吧：

1. 先說感謝，再說辦不到的理由。
2. 開頭就要先提對方姓名。
3. 說謝謝，連說三次。
4. 「我現在很忙」，是個爛理由。
5. 你的解釋，不能超過一分鐘。

6. 說服的理由，說理也要講情。
7. 音調高一點，更容易傳達情感。

這七個原則不用全部一次到位，只要先從第一項開始做起即可。把感謝之意，夾帶在想回絕的理由中，即採取「感謝↓結論↓感謝」，專心做好這一項就好了。

根據我的經驗，回絕還能給對方留下好感的人，不論有意或是無意，大多至少能做到上述七項中的三項。當你練好第一項後，不妨再從七項中挑三項加入拒絕回應中。

高超的道歉含括了基本技巧

話說回來，還記得我在前言中所介紹的矢澤永吉拒絕法嗎？現在再仔細回顧，你一定會發現其中含括了好幾項本章提到的基本原則。

比方說，一開口就先說出「近藤先生」（第二項），接著以「我常常在電視上看到您，覺得您活躍的模樣非常傑出又帥氣」（第一項應用）來傳達敬意。然後進一步說明「我想為您製作最棒的曲子，但既然我也是音樂人，若做出最棒的歌曲自然會想由自己來唱」，把理由歸咎到自身感受（第四項）。另外，如果你試著唸出來就會知道，這些說詞即便慢慢說出口，頂多四十秒左右就結束了（第五項）。

至於矢澤永吉的回絕法之所以被譽為「最佳拒絕範例」，並深受好評的理由之一，應該是「特地直接回電拒絕」這點吧。其實，他就算交由經紀人推辭也不奇怪，但他「本人親自回電致意」，無疑給對方留下好感。

若想留下好感，不妨將能靠電子郵件或簡訊解決之處，改以電話或寫信來拒絕。不過，前提還是要先做好基本功。如果你打電話給人，卻只是反覆叨唸：「對不起！」只會留下壞印象。

【商務郵件的好感拒絕案例】

郵件主旨：關於工作案件邀約

〇〇公司
人資部　〇〇先生／女士

感謝您的關照。
我是 Cube Roots 股份公司的津田卓也。
誠摯感謝您日前提出的工作邀約。
關於本次委託的顧問業務內容，萬分遺憾，
❹由於敝公司資源不足，故而難以允諾承接。
面對如此難得的機會，卻不得不做出這樣的回答，
請容我致上無限歉意。
另外，❹因為敝公司內的問題而為您帶來困擾這點，
請容我一併致上歉意。儘管如此，但僅僅收到貴社〇〇公司的
邀請，已令我十分高興。真是萬分感謝。

還望您多多指教。

Cube Roots 股份公司
代表董事
津田卓也
〒×××-××××
東京都〇〇區〇〇△－△－△
電話：×××××
傳真：×××××
Email：×××××

❶感謝
❶結論
❶感謝

第一項
感謝→結論→感謝

第四項
把理由「歸咎到自身感受」

第五項
答覆要迅速、簡短
盡快回信。
字數在 500 字以內。
這封信總共 301 字。

最後，我列舉了一個商業郵件的回絕案例。工作上要以郵件婉拒時，由於不能呈現表情和語調，因此要比說話時更加避免用詞模糊曖昧，並要明確表達拒絕之意。

最佳拒絕的案例示範

第二項

「開始就要加入姓名」（參考第 79 頁）

知道別人記得自己的姓名，
沒有人會不開心。
開頭就提到對方的姓名，成效尤佳！

近藤先生，我常常在電視上看到您，覺得您活躍的模樣非常傑出又帥氣。所以我也很希望為您製作最棒的歌曲。

第一項應用

「向對方表示敬意」（參考第 71 頁）

表示對近藤先生很感興趣，
藉此展現敬意。

第一項

「明確表示結論」（參考第 76 頁）

「基本三式」之一，曖昧的結論會給對方留下壞印象。正因為很難說出口，才更該清楚明快的拒絕。

只不過，很抱歉呀。

同樣身為歌手的您一定明白，那種盡可能想由自己演唱最棒歌曲的心情。我相信這點就算是約翰·藍儂也一樣吧？

第四項

「以自身感受當作理由」（參考第 90 頁）

把拒絕近藤先生邀約的理由，
歸咎給「想由自己演唱」。

第3章

萬一，對方就是一直纏著你？

學完第二章的基本拒絕法後，或許會有人這麼想：「那個人可沒這麼容易推辭呀……。」

本章節我將告訴你，如何應付那些光靠基本原則，也很難拒絕的刁鑽對象。如果拿棒球來比喻，這章就是要教你「學會如何打變化球」。雖然只需要打直球會輕鬆許多，但不論是棒球或人生，都沒那麼容易啊。

顧客投訴，就是集結了各種刁鑽對手的舞臺。正因為你與刁鑽對手扯上關係，才能測試自己的溝通能力。如果你正煩惱人際關係，只要能好好回絕你心中的難纏對象，一定能順利解決。

1 不要硬碰硬，而是好好交談

第二章中介紹了「拒絕的基本原則」。不過有些情況，光靠基本原則也沒辦法順利推辭。我到目前為止，不論公、私，也數度遇上相當刁鑽的對手。相信各位應該也有這種經驗。

就以下面的溝通互動為例吧。

案例 3-1　以市公所為例，「不能幫幫忙，五點半再關門嗎？」

職員：「喂，您好，這裡是民政課。」

民眾：「我想要申請居住證明，請問今天開到幾點？」
職員：「傍晚五點。」
民眾：「蛤？也太早了吧！開到五點半我就能去了，不能等到那時候嗎？」
職員：「非常感謝您特地來電確認，但服務窗口的營業時間只到五點為止……。」
民眾：「我五點前就是去不了呀！我今天一定要拿到居住證明耶，沒有其他辦法嗎？」
職員：「您這麼說我也……。」
民眾：「拜託啦！」

案例 3-2　工作上有往來的人提出約會邀請

男：「下次來約會吧！」
女：「我這陣子有點忙耶。」
男：「妳大概什麼時候不忙？」
女：「現在還不清楚。」
男：「妳總不可能一直沒時間吧！我會配合的，一有時間就跟我聯絡啊。」
女：「……。」
男：「就吃個飯而已，可以吧？拜託啦！」
女：「……。」

不曉得你是否遇過上述這種無論怎麼拒絕，對方也決意糾纏到底、強人所難的請求和邀約？無論是市公所的案例，或是異性邀約的案例，都是我常常收到的詢問類型之一。

以案例3-2來說，被邀約的是已婚女性，雖然想拒絕邀約，但偏偏與對方有工作上的往來，加上也沒特別討厭對方，之後也想維持良好的合作關係而陷入兩難。

近年來盛行以臉書、推特等方式傳送訊息，因而增加了「一直有人來約很困擾」這方面的諮詢。這是社群網路時代才會有的煩惱，畢竟就算雙方沒有直接關係，也能輕易聯繫上、隨意發送訊息。

對於這類例子中的煩人精、討厭鬼，只用基本拒絕法，確實有可能發揮不了作用。因此，我會介紹一些其他方法，讓你面對這種人時，不會被任意擺布，能與之和睦相處，最後就算果斷回絕對方，也不讓自己的聲譽受損。

無論對象是誰，都千萬別硬碰硬

遇上刁鑽對手，不論對方有多過分、多不講理，都千萬不要硬碰硬。「對方希望我按照他的要求行動」與「不想接受的自己」，雙方一旦產生對立、矛盾，就會想要打敗對方，當雙方都不讓步時，情況只會更加惡化。

應付刁鑽對手，要以「商量」的態度去面對。例如：「我明白您希望事情按自己的要求進行，但我這邊很難接受。不如我們一起來想一個雙方都能夠接受的辦法吧。」如此一來，雙方就能避免對立，並朝同一個方向前進。

以案例 3-1 來說，那位職員應該做的，不是告知民眾「服務窗口只營業到五點」。縱使這個事實不會改變，但職員可以思考要怎麼做，才可以更貼近民眾的需求，並和民眾一起找出辦法。

案例3-2也一樣，即便很想開口說：「你有完沒完！很煩耶！」但雙方若在工作上有所往來，日後可能會影響合作。很多人不太敢把話說得太重，都希望盡可能風平浪靜的回絕。所以遇上這種情況，記得先不要和對方槓上。一開始便齟齬不斷，只會使狀況惡化，之後要再修復關係就會特別勞神費力了。

拒絕人反而為自己的印象加分

藉由一起討論、一起想辦法，來讓雙方朝同一個方向前進。

2 就算你是對的，也不能強迫人接受

上一節提到不要硬碰硬，但所謂硬碰硬，並不一定是那種張牙舞爪、想與人吵架。

即便乍看之下很平靜，但你無論如何都想貫徹自己的意見或想法時，你其實就已經準備好不退讓。

舉個例子吧，假設有個人因為失業而繳不出稅，氣急敗壞的來到市公所服務窗口。

案例3-3 在市公所的服務窗口

民眾：「就算你們要我在〇月〇日前繳稅，但我現在失業沒錢啊。光是要吃飽都很困難了，現在還要我繳這種錢，根本不可能！」

這種時候，有些人會做出下列回應：

職員：「話雖如此，但繳稅是國民義務。」

有些人甚至還會回說：「稅金是根據您去年的收入來計算，與您目前的狀況沒有關係」、「雖然明白您目前的處境，但不繳稅就會被強制扣押存款」等。

職員說的話確實沒錯，但對失業的人來說，突然聽到這種話，應該會憤慨的想著：「這種事情我再清楚不過了，但就是因為繳不出來才會找上門來啊！」

像這樣，若堅持己方的正確性，最後便會與對方槓上，讓場面變成「繳不出稅的人」，和「收不到稅會很困擾的人」之間的對戰局勢。一旦和刁鑽對手硬碰硬，狀況便會惡化到難以轉圜的地步。

現實中有很多這種模式的硬碰硬。

我也會為市公所舉辦客訴處理培訓，因而知道其實經常發生像前述的「希望延長服務時間」、「繳不出稅」等要求和問題。

之前在某個地方市公所進行培訓時，我詢問學員：「遇到民眾要求服務窗口開到傍晚五點以後的情況時，你們會怎麼處理？」結果，很多職員表示：「會回說辦不到。」

我接著問：「萬一民眾問為什麼辦不到時，你們怎麼回應？」大多數人會回答「系統會自動關機」，其次為「這是規定」，第三是「為了公平公正」，不論哪一個回答都沒錯，但這樣是行不通的。

對不惜一切也要窗口延長時間的民眾來說，被這樣告知後，他們只會更火大。

相同對話重複第三次，情況只會更惡劣

另外，如果極力堅持自己是正確的，大多會讓對話鬼打牆。

民眾：「拜託拜託啦！」

職員：「這是規定好的事……。」

民眾：「既然是規定，那總有例外吧？」
職員：「如果我說有的話，事情就會沒完沒了。」
民眾：「可是我有困難呀！」
職員：「規定就是規定。」

要注意，重複三次以上這種「因為這樣所以辦不到」、「因為如此所以不行」的相似回應，大多數人只會加倍憤慨。

禁用「大家都、一般而言、就常識來說」

當你試圖讓人明白自己是正確的，往往會不自覺以「大家都」、「一般而言」、「就常識來說」等用語來自我強調。

民眾：「服務窗口不能幫忙開到五點以後嗎？」
職員：「很抱歉，沒有辦法。」
民眾：「到底為什麼只能開到五點？」
職員：「就常識來說，不管是哪裡的公家機關五點都會關門喔。」
民眾：「蛤？」

當你聽到這種「就常識來說」時，不會有被當成笨蛋的感覺嗎？覺得好像被人用高高在上的態度說教。

一旦對方開始情緒化，就很容易搞砸雙方關係，因此，最好盡量避免用「大家都」、「一般而言」、「就常識來說」等說話方式。

當你要說什麼時，請務必以「我」當主詞。別說「大家都說」、「一般都是這樣說」，而是「我是這麼想的」、「這是我的想法」。

職場以外的場合也一樣。

假設前面案例 3-2 的約會邀請人是已婚男性，事實上，從社群網路收到已婚男性婚外情邀請的案例逐漸增加，若遇上了，你難道不會想這樣回嘴嗎（實際上會不會說另當別論）？

「我有老公，你也有老婆不是嗎？兩個已婚的人單獨吃飯萬一被發現了，會被說成什麼樣子都不知道。你連這點道理都不懂嗎？也太白目了吧！」

如果不是工作上有往來，一定會想這麼回嘴。然而，若是今後也想維持良好的合作關係，就很難暢所欲言了吧。但即使是這種情況，也請試著以「我」為主詞回應。

「能和您一起工作真的很開心，不過我有老公，所以不希望有這種關係。」

上述回絕合併使用了第一項的應用法「表示敬意」，與第四項的「把理由歸咎給自身感受」。重點在不全然否定對方的人格。

當然，若對方是今後不再往來，或本來就毫無關係的人，就不必如此小心了。

”

拒絕人反而為自己的印象加分

「一般而言」、「就常識來說」，都是禁句。

3 反問對方，讓他自己找到解決辦法

到目前為止，我們提到面對刁鑽對手時不要硬碰硬、義正詞嚴。那麼，回絕時不觸犯這兩項，又想留下好感的話，該怎麼做才好？重點在和對方共享問題。

下面就以職場為例來看看吧。

案例 3-4　客戶的無理要求

你是企業培訓公司的業務。某公司一位長期合作的人資部長，對你

提出了下列要求：

「之前只有幹部培訓，明年開始想請你們負責新人培訓。總之，就是希望能澈底訓練新人，讓他們學會思考能力。還有商務禮儀，希望你們能教一些重要的職場用字遣詞和電話應對方法。然後也想要有角色扮演訓練啊。除此之外，也想請你們教一下說話技巧啦，報告、聯絡、商量的做法啦，簡報技巧啦、客訴處理之類的內容。時間上我覺得就五小時吧！」

雖然你很明白這些期望，但若要完全實踐對方的期望，你認為最後只會做出一場內容單薄、沒什麼成效的培訓。

那麼，你會如何回應這位人資部長？

考量到對方不只是有多年交情的重要客戶、人資部長，也是被視為下任社長的候選人，處理起來自然相當棘手。故而此處就要採取「共享問題」，當中最容易使用的句子便是「可以請您一起想辦法嗎？」

你：「非常感謝您這次提出的新委託。另外，也很感謝您惠賜相當值得參考的寶貴意見。」

部長：「沒有啦，畢竟是社會新鮮人第一年參與的首度培訓，我們也很重視啊。」

你：「如您所說。一開始的培訓的確非常關鍵，聽完您剛才說的話，我覺得部長期望的內容非常出色。但關於這些內容，以我個人經驗來說，如果一次塞太多，可能會得到不如預期的效果。我非常明白您的期待，不過有沒有可能再稍微鎖定一些重點呢？因為是很重要的新人培訓，能請您一起來想想看，如何讓培訓成效更好嗎？」

「可以請您一起想辦法嗎？」這種句子，是為了讓你表達「和貴社一起想辦法解決課題並向前邁進」的決心，而非單方面將對方的期望照單全收。也就是藉由共同合作，讓雙方變成一起朝相同目標邁進的夥伴。

利用提問，具體掌握對方的期望與問題

展現出共享問題的立場後，接著就有必要具體掌握對方的期望和問題，所以你要接著提問。

你：「是否能請您一起想想看呢？」
部長：「嗯？這是什麼意思？」
你：「真抱歉，可否請部長假想自己是新人？這種時候，身為社會

新鮮人，最想在一開始就學會什麼？」
部長：「這樣啊。首先，應該會想了解商務禮儀吧！」
你：「比方說？」
部長：「用字遣詞或交換名片的方法之類的。」
你：「會想花多少時間學會呢？十分鐘夠嗎？」
部長：「不，應該沒辦法。至少也要一小時吧。」
你：「好的。那麼，培訓一開始就馬上教用字遣詞嗎？是不是有必要讓新人之間自我介紹或互相熟悉？」
部長：「這個的話，我想大約要三十分鐘左右吧？」
你：「好的，那麼單是自我介紹、破冰時間、用字遣詞，以及名片交換，至少需要一個半小時。扣掉這些時間後，五小時的培訓課程還剩三個半小時。」

此處的關鍵是，想要回絕對方的要求時，不要只是單方面說明，而是透過一來一往的提問。理由在於，讓對方在說話時吐氣（可為副交感神經增添安心感），會更容易說服對方接受我方提議。再者，對情緒化的人腦中拋出問題，也可以使對方冷靜下來。

「6W3H」中要特別利用「為什麼」（WHY）

我每次在溝通講座，或是客訴處理培訓班的課堂上，都會請學員別把提問想得太難。想要拒絕刁鑽對手的當下，頭腦容易一團混亂。

尤其當你不停盤算著如何把事情拉往對自己有利的方向、解讀對方的意圖時，大腦反而更容易混亂，提出前後不通的脫序問題。有鑑於此，不妨記住下列基本的6W3H，來簡單提問吧。

- 為什麼（Why，原因）：為什麼有必要呢？
- 是什麼（What，目的）：需要什麼？什麼地方最困難？
- 由誰（Who）：是誰說的？
- 對誰（Whom）：問誰才會知道？
- 何時（When）：什麼時候需要？
- 在哪裡（Where）：哪裡會有？
- 如何做（How）：該怎麼做才好？
- 多少（How many）：大約要花多少時間？
- 多少（How much）：大概要花多少錢？

九項當中，最重要的是為什麼（Why）。

「為什麼有那個必要？」、「為什麼想這麼做？」、「為什麼會這麼想？」很多時候，你能從這些提問所得到的答案中，了解對方的需求，甚至是對方所面臨的問題根源。

我們就以一個市公所的情況，來作為6W3H的提問範例吧。例如，一位民眾為了申請印鑑證明書（按：戶政機關在完成印鑑章登記後，核發給當事人持有該顆印章的證明文件）而來到市公所，卻只帶了印鑑而少了印鑑登錄卡（按：登記完印鑑章後所取得的證件）。

提問範例1
「請問您的印鑑登錄卡在家嗎？」（↓若放在家裡，就能建議民眾回家拿。）

提問範例2

「請問府上有人在嗎？能請那位送過來嗎？」（↓若能及時送到，問題就解決了。）

提問範例 3

「您有個人編號卡（類似臺灣的身分證）嗎？」（↓若有個人編號卡，就能建議民眾到便利商店機臺申請。）

提問範例 4

「能請對方延長提交印鑑證明書的期限嗎？如果方便的話，需不需要由我來詢問看看？」（↓若能延長提交期限，之後再帶印鑑登錄卡來辦理就能解決了。）

如果你以這種方式提問，就更有可能解決對方的問題，對方也會覺得你是站在他的立場來解決問題。即便最後無法在當天申請到印鑑證明書，對方也會對你留下「這位負責人已經盡力幫助我了」的好感。

拒絕人反而為自己的印象加分

以為什麼（Why）為中心簡單提問，獲得有用資訊。

4 假設性提問，讓對方理解你的處境

然而，有些人儘管你拒絕了也不肯善罷干休，這種煩人精不一定是因為有什麼問題，而是單純為了滿足自身需求和欲望而胡攪蠻幹罷了。

我們就以前述已婚女性，被男性客戶約吃飯的狀況為例吧。

當然，男女雙方因為工作關係一起吃飯很平常。那我們再追加一個狀況——那位男性客戶讓女方感覺不舒服，女方卻擔心果斷推辭恐怕會影響日後合作。

這種情況下，不妨先試著提出替代方案。

「雖然不能兩人一起吃飯。但如果有邀請其他人的話，請務必讓我加入飯局。」

對方有可能進一步糾纏：「唉呀，但我想跟妳談點更深入的事情，就我們兩個人。」

藉由假設性提問，讓對方想像你的狀況

這種時候，你能用假設性提問。例如，你不妨問對方：「如果您太太知道我們兩人單獨吃飯的話，她會怎麼想？」對方或許會回說：「不會啦，我家太太不介意這種小事，我也不介意喔！」

這時，你可以用「假設」回覆。

「我了解了，○○先生不介意對吧？但我老公就不一樣了。雖然我很開心您提出邀約，但實在沒辦法兩人單獨吃飯。」

假設性提問也能應用於職場上。舉例來說，當主管把一件不合理的工作推給你時，你可以提出下面的假設性提問。

「如果先完成您交付的工作，就得延後目前手邊的案子。但因為客戶有要求我盡快完成這個案子，原本想在今天內完成。您覺得該怎麼辦才好？如果延後提交給客戶的案子，客戶會怎麼想？」

利用這種假設性提問，對方就不得不去思考你的問題。換句話說，藉由提問可以讓對方一起思考、分享自己面臨的問題。這個方法可說是讓對方思考未來的「未來性提問」。

那些硬要人接下工作、拒絕了也死纏爛打的人，大多只能關注眼前的問題，為了讓對方把目光著重在未來，要提出類似下列的問題：

「我覺得如果現在接下這份工作，會連累到部門裡的其他人，您怎麼想？」

「如果我接受這份工作，那麼老闆要我做的案子就得延後了，這樣好嗎？」

藉由假設性提問來讓對方思考的方法，某種意義上來說很方便，但你應該把它視為最後手段。萬一提問時機不對，反而會讓對方惱羞成怒。

使用假設性提問要特別小心

我們舉民眾到市公所辦理居住證明（適用於日本）的狀況為例吧。

職員：「請問您今天有攜帶駕照等身分證明文件嗎？」
民眾：「我沒有駕照耶。」
職員：「那有帶健保卡嗎？」
民眾：「沒有耶。這個行嗎？運動中心的會員。」
職員：「這樣的話無法為您辦理。」
民眾：「為什麼不行，這張也是很正式的會員證耶！」
職員：「這樣說好了，如果能用這種會員證來辦理的話，居住證明有可能會被用於犯罪上，不是嗎？」

民眾：「什麼？你意思是說我會拿去犯罪？給我道歉！」

會演變成這種情況也不是不可能。

倘若你已經從各種角度提問，卻依然找不到解決方法，或是對方始終不肯退讓，迫不得已時再用假設性提問吧。若一開始就用，一不小心可能會讓對方大發雷霆。

拒絕人反而為自己的印象加分

藉由「如果……這樣的話」的提問，來讓對方設想你面臨的狀況。

5 別當句點王，增加彼此間的對話機率

在我經手過的「無法回絕」諮詢當中，不僅有苦於工作或戀愛關係的人，也有苦於家族關係的人。家人一輩子都會往來，有些家人之所以難搞，原因就在於關係太親近，其中來諮商特別多的便是婆媳問題。

下面想介紹一個媳婦如何婉拒婆婆贈禮的案例。

案例 5-1　拒絕婆婆贈禮

妳正因為婆婆從鄉下送來的食材過多而煩惱。雖然妳明白婆婆是一

片好意，但每次送來的大量蔬菜水果，最後都因為吃不完而扔掉，這點令你厭煩透頂。再加上少有鄰居往來，沒人可送，每當要扔掉食物時都會覺得很不忍心。妳希望盡量在不傷害婆婆的情況下，回絕這份好意。

婆婆：「有收到蔬菜了嗎？」

妳：「收到了，一直很感謝您寄蔬菜過來，真的很開心。這些菜比這裡的好吃多了。」

婆婆：「沒錯吧！我們這裡的菜有點不一樣，電視臺也來採訪過呢。況且你們那邊蔬菜賣很貴吧？」

妳：「是啊，我們吃的很高興，謝謝。雖然很感謝媽媽的心意，卻有一個小小的困擾。」

婆婆：「咦？怎麼了？」
妳：「每次收到菜都很開心，不過有點吃不完。」
婆婆：「醃起來放就好啦，水果的話可以打成果汁啊。」
妳：「您說的是，不過因為我還要上班，並沒有多餘的時間。」
婆婆：「做醃菜又不難，花不了多少時間吧。」

如果是你，接下來會怎麼拒絕？
下面就介紹一個利用假設性提問回絕的例子。

妳：「媽，可以請您讓我說一下嗎？」
婆婆：「嗯？好喔，你要說什麼？」

妳：「媽媽現在和爸爸兩人一起生活對吧？」
婆婆：「對呀。」
妳：「我也想送娘家寄來的蘋果給您，可以嗎？」
婆婆：「唉呀，真的嗎！好開心！」
妳：「好，那我寄一箱給您喔。」
婆婆：「咦？我們吃不了那麼多啦！」
妳：「那吃不完的要怎麼辦？」
婆婆：「就看能送給誰吧。」
妳：「如果沒人可送的話？或對方討厭蘋果怎麼辦？」
婆婆：「……這就麻煩了呢。」
妳：「媽，我真心感謝媽媽的心意，所以完全不想糟蹋您特地送來的東西，您能諒解嗎？」

婆婆：「嗯，我知道了。」

妳：「如果媽媽下次還願意送給我們這些好吃的菜，若能在寄出前問一下需要多少量的話就太好了。我們會更感激的享用，您覺得這樣好嗎？」

像這樣利用假設提問，來讓對方想像你的處境，進而客觀的評量，就更容易接受你的回絕了。

你來我往的次數越高，越能增加說服力

「如果被店員這麼說，你會有什麼感覺？」、「這種狀況你會怎麼回答？」我會不停的對培訓班的學員拋出疑問，在解說間詢問「你會怎麼

想？」、「如果是你辦得到嗎？」因為這樣做更能增加說服力。

我們來回想一下前面提到的印鑑證明書的案例吧。

站在職員的立場來看，他就算要滔滔不絕的向民眾解釋也沒有問題。例如：「想要辦理印鑑證明書就一定要帶印鑑登錄卡。今天沒帶的話就沒辦法申請。不過，若您有個人編號卡的話，也能直接利用便利商店的機臺辦理申請⋯⋯。」這樣單方面說個沒完，你不覺得腦袋很難吸收嗎？因此，就要不停向對方提問。

職員：「您今天沒攜帶印鑑登錄卡對吧？」
民眾：「嗯，沒帶到。」
職員：「沒有印鑑登錄卡的話，我們窗口便無法為您申請。」
民眾：「這樣啊，那我今天拿不到印鑑證明書了嗎？」

職員：「請問您有帶個人編號卡嗎？」
民眾：「個人編號卡？那個辦起來好像很麻煩，所以沒申請。」

倘若你以這種方式提問，被問的人便能順著思路逐一評量，並且透過回答，自然而然理解「不帶印鑑登錄卡就無法申請」、「有個人編號卡的話也能申請印鑑證明書」等事實。

一一確認訊息，使你說出的每一句話更有說服力。另外，若出現疑問或不明之處，能當場向對方提出，並釐清完疑點再讓話題繼續往下走，如此能更能讓對方接受。

我之所以在課程上向學員提出很多問題，有一部分也是為了自己。

舉例來說，當我問：「你們到目前為止有過什麼樣的客訴經驗？」、「如果你們遇上這種投訴，會如何回應？」時不時會得到令我恍然大悟的答覆。像是聽到前所未聞的客訴內容，有時候甚至能學到我不曾想到的應對方法，進而從培訓過程中得到更多收穫。

為雙方的互動加分

回絕時也是如此。例如當你收到主管交辦的工作，卻覺得怎麼想都會不順利時，千萬別單方面解釋為什麼做不到，而是詢問：「我擔心自己做不到，該怎麼辦才好？」

主管聽到後或許會給你一些建議，如：「這樣啊，那這麼做如何？這麼做你應該會更好進行。」、「這個部分這麼做的話怎麼樣？」倘若從中獲得令你拍案叫絕、恍然大悟的答案，也能促使自己更上一層樓。

前面關於印鑑證明書的應對過程也一樣，一旦在談話之間加入提問，便能從中收集到許多訊息。

以印鑑證明書的例子來說，就可透過提問收集到下列訊息：「民眾不清楚在服務窗口申請印鑑證明書時，需要印鑑登錄卡」、「一般人覺得辦個人編號卡很困難」、「辦個人編號卡的方法並不廣為人知」等，而這訊息也必定對你往後的業務很有幫助。

如果始終只用「請您這樣做」、「辦不到」來應付的話，絕對得不到任何加分要素。

拒絕人反而為自己的印象加分

隨著你來我往的談話次數增加，更添說服力。

6 有時候，你得把旁人拖下水

即便你打算拒絕強人所難的請託，有時候還是會遇上用了基本三式「感謝→結論→感謝」無效、與對方分享問題無效、反覆提問也無效——任何手段通通不管用的對手。

例如那種試圖用權力控制他人，或者會職場霸凌的主管。遇上這種人，或許會讓你心裡暗罵髒話，但還有一種刻意示弱的方法可以派上用場。你可以試著向對方表示：「如果我接下這份工作，就沒辦法做其他工作了。可以請您教教我怎麼安排會比較好嗎？請給我學習的機會。」如果對方真的告訴你具體方法，那就好好感謝：「謝謝您，讓我獲益良多！」

納入對方和自己的主張

然而就算做到這種地步，還是有人不肯罷休，而當你遇上時，可以提出自己的請求。

例如，當你的公司前輩拜託說：「我不擅長彙整文字，所以之前出差的報告由你來寫吧！」但你手上已經有好幾件工作要做，實在沒空多寫一份報告。

遇到這種情況，你不妨提出交換條件。例如：

公司前輩：「之前出差的報告，可以給你彙整嗎？」

你：「如果要寫這份報告，我就無法統計○○調查了。作為交換，可以請前輩做統計，然後我來寫出差報告嗎？」

訣竅在於，提出與對方要求的工作量大致相同的工作作為交換條件。如此一來，也能向對方表態自己不是會乖乖吞下分外工作的人。

很多情況下，老是說好的人之所以被貼上來者不拒的標籤，就在於不曾回絕各種請求。我建議最好還是撕掉這種標籤。

當你提出交換條件，便能給對方一種「這個人不會輕易接受請求」的印象。事實上，隨著你多次提出交換條件後，這種強人所難的請託便會逐漸減少。

針對那些遲遲不退讓的人，有時候把別人牽連進來也很有效。

若還是不行，就把旁人拖下水

假設你的部門經理交代了一項不合理的工作，但接下這份工作，就得延遲其他客戶的交貨日期。

如果在你說明了狀況後，經理仍然強硬的表示：「無所謂，給我做就對了！」這時不妨把客戶也牽扯進來吧。

「那麼，我接下來會先跟客戶聯絡，告知會延遲交貨的事情，也會讓對方窗口了解（我方）經理也知道這件事，可以嗎？」

當客戶負責人硬是提出不合理的難題時，你也能回說：「我和主管談談看」、「我和社長商量看看」，這樣做說不定就能順利免除難題了。

對於糾纏不休的私人邀約，也能用下列回應嘗試擺脫對方。

「我能先和主管（或老公）談談，是否要接受您的多次邀約嗎？」

有些人之所以會強迫人接受請託或邀約，往往是因為這種人無法想像他人將面臨多大的困難，或是會給周遭人帶來多少麻煩。

因此，你要提出一些問題，讓對方想像一旦接受這種強迫性要求，會為誰造成不便。這些問題能夠讓對方冷靜下來，客觀審視自己。

老實坦承：「我現在腦中一片空白。」

到此為止，我說明了如何應付那些無論你怎麼婉拒，也不肯善罷甘休的刁鑽對手。不過，其中也有一種會突然暴怒的人。

不論你如何身段柔軟的共享問題，對方不是劈頭就大小聲，就是怒罵連連。我想這種人可能會令你心生恐懼，甚至腦中一片空白。

這時你不妨老實向對方坦承：「我現在覺得非常害怕，腦筋一片空白。」接著，拜託對方給你一點時間：「因為我有點混亂，請麻煩給我一點時間。」

有人會因此有所自覺，特別是講電話，人很容易因為看不到臉，使態度流於粗暴，甚至有人毫無自覺自己讓對方深陷恐懼。當你表示自己非常害怕時，有人甚至會修正態度向你道歉。

回絕時最為重要的，就是誠實面對自己的心，即便對方態度咄咄逼人，也一樣坦率以對。你需要拿出誠實面對的勇氣，既不掩飾自己的心情，也不試圖粉飾太平。

拒絕人反而為自己的印象加分

「請給我學習機會！」、「我腦中一片空白。」
坦白說出真心話來改變狀況。

7 和對方肩並肩，而不是站在他面前

本章一開始，我提到對於回絕了也不肯善罷干休的人，你要藉由共想問題，來和對方朝同一個方向前進。這點也適用於你面臨不得不拒絕請託或邀約，而深感困擾時。

舉例來說，當你的工作量早已超載，因而做不了主管丟下來的工作。這時你可以拜託主管：「我現在因為這種狀況所以沒辦法接手，您能夠幫忙一起想想看該怎麼辦才好嗎？」

當你共享對方的問題時，要站在「一起來想辦法吧」的立場；反之，當你共享自己的問題時，就要採取「請和我一起想辦法」的立場。

當你要提出請求時，請試著在身處的「位置」上面多下點工夫。

立場不同，想法也隨之改變

特別是當你要和回絕對象搭話時，要盡量站在對方旁邊的位置。

比方說，當你在主管桌前時，不要站在主管面前，而是站到主管旁邊。或者，你也能在街道上或公司走廊一起並肩行走、一起搭乘電車、計程車或電梯，如此便能順其自然的站在對方旁邊。

肩並肩，就是藉由視線朝向同一個方向、觀看相同事物，來引起雙方共鳴。藉由望向同一個方向，會更容易讓對方願意共同思考你所面臨的問題；其次，了解他人對個人空間（Personal space）的需求也會很方便。

對於他人多靠近自己會感到不快，每個人都有各自的標準。

這個標準雖然在男女、個人之間有所差異，但一般來說，若進入自身範圍四十五公分以內，又不會感到不舒服的人，多半為情人、夫妻、家人和親近朋友等，除此之外的人侵入時，便會感到不自在或不舒服。

這種個人空間，普遍而言男性較寬、女性較窄，而且形狀也有所差異。據說男性是前後較寬左右較窄的橢圓形；女性則是前後左右幾乎等距的圓形。所以，當男性發現有異性靠近時，就會心跳加速，進而有「她靠這麼近，是不是對我有意思？」等誤解。

如果要回絕的對象是男性，而你是女性時，利用男性的個人空間來達成目的，就是一個好方法。

你若能迅速從對方側邊接近，並說：「真的很抱歉，恕我拒絕。」對方說不定會不加思索的回覆：「我知道了。」

反之，如果要謝絕的對象是女性，而你是男性時，就要更小心拿捏雙方的個人空間。女性對不親近的異性進入個人空間，會比男性更加感到不舒服。所以隨隨便便靠近女性並搭話，光這一點就足以留下壞印象。

”

拒絕人反而為自己的印象加分

利用共乘計程車或電梯等，能肩並肩的時機來商量。

第4章

猶豫不決時先讀讀這篇

我本身曾經是個不敢說不的人，但如今幾乎不會再為了「要不要回絕」而猶豫不決。因為，我建立了一套自己的標準。

當你為了「要不要回絕」而苦思到最後一刻時，不妨參考我在本章解說的「猶豫不決時應該考量的要點」。

若以棒球比喻，本章是讓你「學習看穿球路的方法」。雖說拒絕很重要，但也不能對一切通通說不。我希望各位都能學會本章的「選球眼」，再佐以實踐第二、三章的技巧，獲得更豐富的人生。

1 拒絕，幫你找出人生優先順序

第二、三章中，介紹了留下好印象的具體回絕法。我希望各位從今天起立刻付諸實踐。

但我想你一定還是會為了要不要婉拒，而迷惘不已。即便你成功拒絕了一次，下次一樣會猶豫不決。像我還不會回絕時，即使為了走出自己的人生，而下定決心要勇於說不，但還是會苦惱。

我就發生過不少次，明明要馬上判斷是否回絕，我依然會為了「拒絕了可能會有這種損失，答應的話說不定會有這種好處，到底該怎麼辦？」而不斷煩惱。

僅管你學會了如何讓人留下好感的拒絕法，只要你無法下定決心去回絕，就毫無意義。

本章將告訴你如何判斷要不要拒絕。另外，也會針對總是輕易說好的人，提供更容易選擇說不的思考法。

首先，為了回絕而煩惱時，該怎麼想才好？你應該率先思考自己人生的優先順序。我們所有人一天只有二十四小時，能完成的事情有限，一旦選擇了什麼，就必須放棄什麼。

你可以用這種方式來決定：若是工作與家庭，哪一個現在比較重要？如果是工作，哪一項要立刻優先處理？

每個人的優先順序都不同，我不能替你決定。即便是同一個人，也會根據目前所處的生命階段（Life stage）而改變優先順序。

所以，你必須思考，當下應該把什麼列為優先？但突然被問到：「你人生的優先順序是什麼？」很少人能夠馬上回答。我在講座或培訓等場合教授拒絕法時，發覺透過反覆回絕，可以讓人從中發現自己想優先做的是什麼。

答應前，先思考什麼最重要

如果你不加思索就答應，之後就不得不去做，也會失去思考自己優先順序的餘裕了。因為可以拖延思考要不要拒絕，就某種意義上來說其實很輕鬆。

因此，每當你決定要不要婉拒時，都應該謹慎思考：「對當下的自己而言，最重要的是什麼，必須優先去做什麼？」如此一來，就能明白自己心中的優先順序了。

當然，剛開始可能會很難做決定，或者婉拒後也會發生令你心生「要是當初接下就好了！」的挫敗感。但事實上，這個選擇究竟正不正確，你不實際去試試看也不會知道，也因如此，你才能透過親身拒絕，來看清一些事情。

隨著你實際累積回絕的經驗後，會漸漸清楚自己的優先順序，並且更容易決定要不要推辭。

下一節起，我將具體解說當你猶豫不決時，應該如何去思考。

拒絕人反而為自己的印象加分

透過說不，足以釐清人生的優先順序。

2 喜歡就接受，討厭就拒絕

如果你心中有一套拒絕時的判斷標準，譬如「遇上這種情況要推辭」，回絕他人時會更容易。

我在培訓時，都會告訴學員：「以自己心裡是否舒服」為最高判斷標準。例如，有人拜託你做某項工作時，你對這份工作的接受度有多高？家人拜託你做什麼事情時，你有多心甘情願？以此為標準來決定要不要回絕他人。

但什麼樣的狀態算舒服，每個人都不同。就以工作來說，有些人只要錢多就開心，有些人最重視和誰一起合作，甚至有些人更看重環境或時間。至於是否對選擇感到滿足愉快，唯有當事人自己心裡知道。

不過，現代人做選擇時，往往因為龐大的資訊量而不知所措。不知不覺間受到各種資訊轟炸、被強行灌輸各種價值觀，因而越來越難察覺什麼才會讓自己真正開心。

據說現代日本人每天輸入進大腦的資訊量，相當於江戶時代人一年所吸收的分量。如果每天都被傾注如此大量的資訊，自己的價值觀也會受到動搖。

為了確立自己的價值觀，就有必要屏除一定程度的資訊。順帶一提，我自己已經持續十年以上、過著沒有電視的生活了。只要打開電視，不管你願不願意，都會收到一些偏頗訊息。光是關掉電視，大概能阻斷掉相當程度的無謂訊息。

另外，有時候會同時出現兩項令人求之不得的工作內容，如果你對兩邊都很心動，這時就要依「先來後到」決定。你要接下先提出請託的工作，然後拒絕後面才來的邀約。倘若遇上你覺得後到的工作邀約條件更好、內容更有意思的話，也只能視為緣分不夠，並盡速做出決斷。

喜歡、討厭，就是最好的標準

如果你覺得難以用「內心舒坦與否」判斷的話，就改用喜歡或討厭來決定吧。我幾乎對所有案子都以自己喜歡、討厭來當做標準。

例如在工作上，我會以自己是否喜歡負責人，來決定要不要接受。不論開出多好的價錢，只要我對負責人沒有好感，就會推掉這份工作邀約。

我以前曾在高級餐廳，招待一位由其他客戶介紹的某間大型企業的幹部，只要能承包該企業的培訓課程，可預期收入會相當可觀。

不過，這位幹部在店內的態度堪稱惡劣，對店員尤其傲慢差勁，不論是用字遣詞和行為舉止都令我難以忍受。

宴會快結束時，這位幹部希望我務必接下明年的培訓課程，但我回絕說：「非常抱歉，請容我拒絕這份邀約。從稍早一起相處到現在，光是看到您在這間店表現出的行為舉止，就讓我心裡不太愉快。我認為這樣無法有好的工作成果，所以無法接受您的培訓委託。」現場立即騷動起來，跟我一起出席的公司員工也一臉驚訝，但我沒有因此改變主意。

拒絕人反而為自己的印象加分

以喜歡、討厭來判斷即可。

3 再如何討好，會被討厭時就會被討厭

一旦你看開一點，接受「不管拒不拒絕，會被討厭時就會被討厭」，就會更容易下定決心回絕他人了。

很多人因為害怕被討厭所以不敢說不，至少我自己過去就是這樣，總是擔心被人討厭、被人說不是，而無法開口說不。

但事實上，不論你拒不拒絕，會被討厭時，就是會被討厭。這問題不在於你是否被討厭，而是人們給的評價本來就會不斷改變。

小時候大人要求我保持安靜，我做不到。上幼稚園時，我也無法像其他小朋友一樣乖乖坐著聽老師說話，要我靜靜的待著不動真是痛苦到難以

忍受。

我甚至因為自己擅自跑到外頭，學校就把母親叫來。從前的懲罰很過分，聽說母親來接我時，發現我被綁在松樹幹上。但我只要發現什麼喜歡的事情，便會全心投入的去做，就算老師說：「差不多該停下來了吧！」我也當作耳邊風，完全不理睬。

我覺得最有趣的是，那時被他人視為沒用之處，如今卻成為我的優點。我遇上任何事情就馬上去做的行動力，以及熱衷到渾然忘我的這些特質，旁人見了都誇說：「不愧是你！」我明明沒有任何改變，但旁人對我的看法卻變了。

所以我常常覺得，他人的評價不過爾爾。有人會認為你的某項特質是才能，而在另一個人眼中則是缺點。所以，他人的評價本來就不可靠，也沒有必要斤斤計較。

這樣一想，會不會覺得老是擔心被討厭、掩飾真實心情、忍耐著不敢拒絕的自己很傻呢？

發現他人缺點，是人類的生存本能

據說人類會本能的去挖掘他人的弱點。

為了在競爭中勝出，不得不使自己比其他人都更優秀，出於此，人們似乎會很自然的去尋找他人的缺點和弱點。儘管你因為害怕被討厭而不敢推辭，但仍然有很大的機會被他人討厭。

從這個角度來看，你難道不覺得，因為害怕被討厭而不敢拒絕，非常不值得嗎？打從心底想回絕卻開不了口，等於在壓抑自我的情緒，更是沒有誠實面對自己的表現。明明是自己的人生，卻不能好好面對，未免也太可惜了。

當你猶豫要不要拒絕，或是心中閃過「不想因為婉拒而被討厭」的念頭時，請務必想起這一點。

拒絕人反而為自己的印象加分

他人的評價並不可靠。

4 確認好自己的意願再回答

到此為止，我們一路思考了應該如何判斷要不要回絕的問題。

儘管很希望前述內容，能成為你煩惱要不要接受，或拒絕某人邀約或請託時的參考。然而一旦你為了如何回應而猶豫不決時，往往還是會一不小心就脫口答應了。以我個人的經驗來說，人的大腦在這時很容易陷入輕微恐慌。

當別人提出：「希望你做」、「去做」等要求時，大腦會無法克制的繞著各種念頭轉一圈，「接受的話或許會得到好評價」、「但很擔心不能協調好其他事情」、「萬一回絕的話對方心情會很糟吧」等，於是便無法冷靜判斷。

如果回覆不了，就先放著不管

所以，當你煩惱要不要拒絕時，就先暫緩回覆，拜託對方：「很抱歉，請再給我一點時間。」至於能得到多少時間，會依狀況而有所不同，但就算只能寬限十分鐘，你也能因此冷靜下來。

請求寬限時間時，一定要告知回覆的具體時間，例如，「○點前回覆」、「請讓我明天結束前回覆」等。若是打電話，就先說聲：「不好意思，我之後會再回電給您。」然後掛斷電話即可。

這種時候向對方坦承自己的情況，也是一個好方法，例如，「不好意思，我目前工作塞太滿了，請給我一點時間考慮」、「我現在有不少複雜的案子要解決，請給我一些時間考慮」等，最重要的是誠實面對自己。

試著沉默三秒看看

不擅長回絕的人，通常都抱持這種想法——與人面對面交談時，必須馬上回應對方。故而僅僅沉默或停頓數秒，心裡就會感到莫名抗拒。這種抗拒導致這種人與人交談時，會想盡快做出回應。

這幾乎是一種反射性回應，所以一遇上什麼請託，這種人幾乎想也不想的自動答應下來。像這樣的人，我建議平日最好培養自己沉默三秒的習慣。不要反射性的回應對方說的話，而是先吸一口氣、確認好自己的感受和想法之後再回應。

我認為沉默是一種誠實的表現。不想說出勉為其難的場面話，想誠實做出回應，因此才會沉默。

與其隨便、模稜兩可的說出「我做得到」、「或許做得到」，不如保持沉默或暫緩片刻後，再給出明確回覆，對對方來說也比立即回答更有誠意。如果還是無法馬上整理出自己的想法時，不如老實拜託對方，「再給我一點時間」就可以了。

拒絕人反而為自己的印象加分

保持沉默並不是壞事。

5 「扮演」一個敢拒絕的人

想學會拒絕，還有一個辦法，就是扮演一個敢拒絕的人。

「要是回絕了感覺很對不起人家」、「推辭的話對方會很失望吧」、「我的風評會不會因此而變差？」總是像這樣往壞處想的人，就越會無法開口說不，而且會不停陷入「討厭讓對方失望」、「討厭對方對自己觀感不好」等念頭中。

這時最好的辦法，就是扮演敢拒絕的人。果斷回絕的不是自己，而是「角色」，因此就算不小心傷害到對方，那也是角色做的事情，這樣一切割，推辭起來就容易多了。

我現在擔任培訓講師的緣故，偶爾要在數百人面前講話。不過，我原本非常不擅長在人前說話。

我第一次在一群人面前講話，是在 BOOK-OFF 工作時。當時因為公司要針對管理高層，以及銀行等相關人士舉行經營計畫發表會，而我被交代擔任主持人。

第一次經歷這種場面，讓我緊張到腦筋一片空白。身為主持人，我不但沒能掌握好流程，還因為心慌意亂，讓整個會場陷入尷尬的沉默中。後來試圖緩和尷尬的局面，卻說了糟糕的冷笑話而讓現場氣氛進一步惡化。當時社長甚至從遠處對我投以「你在胡說些什麼！」的眼神，一言以蔽之，一敗塗地。

會議結束後，我陷入深深的自我厭惡中，當時的副社長對我說：「津田，你來這邊工作之前是個演員對吧？下次就以演戲的心態來做就好啦。」被這樣一說，我才想到，「對呀，若當成角色扮演就能辦到了！」

所以，第二次主持時，我就以扮演主持高手的心情來主持，結果很順利，副社長甚至誇讚我說：「你是天才，說話天才唷。」我因此建立了自信心，而公司之後也都把所有重要會議的主持任務交給我做。

自己來塑造角色

扮演敢拒絕的人時，若能清楚定義這是什麼樣的角色，演起來會更加容易。

我在培養培訓講師時，會請學員先做一件事——打造自己心目中最佳講師的形象。

我會藉由提問：「你認為所謂的最佳講師，是什麼樣的人？」然後請學員寫下回答，並且思考在許多人面前授課的最佳講師會穿什麼服裝、露出什麼表情、用什麼方式說話、以哪種音量說話等。

之所以請學員自行思考，是因為每個人對最佳講師的形象各有不同，更何況自己去想比較有趣。另外，與其扮演他人賦予的角色，不如扮演自己自由設定的角色會更有樂趣。

同理，當你扮演敢回絕的人時，先試著將自己心目中最佳的拒絕人形象寫下來吧，並為這個角色命名，如：實話小將、直率人等。

另外，為了進入角色，準備一個切換口號也不錯。像是拍電影時，會在導演喊：「Action!」以及場記板一聲打下後開始拍攝。而演員也會以此為信號，在打板聲響起後完全投入角色。所以當你演出敢拒絕的人時，如果有一個屬於自己的打板聲，會更容易投入扮演的角色。

這時最有幫助的就是角色名稱。

當你必須回絕他人，自己也很想拒絕時，在心中默念：「啟動實話小將模式！」、「直率人，Action!」等口號時，會更容易進入角色，順利扮演敢說不的人。

剛開始「表演」的感覺，能成為你的助力，不過演幾次之後，就會逐漸得心應手，不知不覺間，你就算不刻意去扮演敢拒絕的角色，也能對他人說不了。

拒絕人反而為自己的印象加分

在心中默念：「實話小將模式啟動！」

結語
忍耐不再是美德，做不到就說做不到

幾年前，我公司中一位既是創業成員，也是合作夥伴的男性員工過世了。在他亡故前一天，我們都像平常一樣打電話交談。

這是他留給我的最後一句話：「等你出差完回來後，我們一起去吃拉麵吧！」說完這句話的隔天，他倒在自家床邊，就這麼走了，是猝死。

他似乎是在用手機回覆工作上的郵件途中倒地不起。我永遠失去跟他一起吃拉麵的機會了。

他是個擅長忍耐，工作能力很好的人，卻也是個不會說不的人。

我現在回頭想，他是不是一個人承擔了太多工作？不是他不想拒絕，而是無法開口說不？

我很後悔。

明明在客訴培訓時，對學員耳提面命「好好回絕很重要」，卻沒傳達給近在身邊的人。我為什麼沒好好教他拒絕的重要性？

這份後悔成為我撰寫本書的動力。

「忍耐力強」，在日本被視為美德。當然，這是很棒的特質，但就長遠來看，誠實面對自己的心情，表達「我做不到」，其實跟「忍耐力強」這點一樣重要。

開口說出「討厭」、「做不到」，我認為這不僅限於工作，更是為了活出幸福人生，所不可或缺的事。

非常感謝拿起本書的你，倘若各位能以本書為契機，成為能誠實表達自己心情的人，我將打從心底感到開心。

國家圖書館出版品預行編目（CIP）資料

拒絕人反而為自己的印象加分：怎麼擺脫不合理的工作與難纏的人際關係？開心的說「不」又不會得罪人的方法。／津田卓也著；高佩琳譯. -- 初版. -- 臺北市：大是文化，2020.12
208 面；14.8×21 公分. --（Think；210）
譯自：なぜか印象がよくなるすごい断り方
ISBN 978-986-5548-12-4（平裝）

1. 溝通技巧　2.人際關係　3.說話藝術

177.1　　109012628

Think 210

拒絕人反而為自己的印象加分

怎麼擺脫不合理的工作與難纏的人際關係？
開心的說「不」又不會得罪人的方法。

作　　者／津田卓也
譯　　者／高佩琳
責任編輯／林盈廷
校對編輯／黃凱琪
美術編輯／張皓婷
副 主 編／馬祥芬
副總編輯／顏惠君
總 編 輯／吳依瑋
發 行 人／徐仲秋
會　　計／許鳳雪、陳嬅娟
版權專員／劉宗德
版權經理／郝麗珍
行銷企劃／徐千晴、周以婷
業務助理／王德渝
業務專員／馬絮盈、留婉茹
業務經理／林裕安
總 經 理／陳絜吾

出 版 者／大是文化有限公司
臺北市 100 衡陽路 7 號 8 樓
編輯部電話：（02）23757911
購書相關資訊請洽：（02）23757911 分機122
24小時讀者服務傳真：（02）23756999
讀者服務E-mail：haom@ms28.hinet.net
郵政劃撥帳號／19983366　戶名／大是文化有限公司

法律顧問／永然聯合法律事務所
香港發行／豐達出版發行有限公司 “Rich Publishing & Distribution Ltd”
地址：香港柴灣永泰道 70 號柴灣工業城第 2 期 1805 室
Unit 1805, Ph. 2, Chai Wan Ind City, 70 Wing Tai Rd, Chai Wan, Hong Kong
電話：21726513　傳真：21724355
E-mail：cary@subseasy.com.hk

封面設計／陳皜
內頁排版／顏麟驊
印　　刷／緯峰印刷股份有限公司

出版日期／2020 年 12 月初版
定　　價／新臺幣 340 元（缺頁或裝訂錯誤的書，請寄回更換）
I S B N　978-986-5548-12-4

　　Printed in Taiwan